Harald Schultes

DAS DINER-KOCHBUCH

Harald Schultes

DAS DINER-KOCHBUCH

**Die besten Rezepte
aus Amerikas Kult-Restaurants**

Mary Hahn Verlag

Wenn nicht anders angegeben, sind alle Rezepte für 4 Personen berechnet.

© 1998 by Mary Hahn Verlag in der F. A. Herbig Verlagsbuchhandlung GmbH, München
© Fotos by Holger Hoetzel, außer: S. 8, 9, 10, 11: Archiv Holger Hoetzel
© Rezepte von Harald Schultes

Alle Rechte vorbehalten

Lektorat: Isabelle Fuchs
Umschlaggestaltung: Wolfgang Heinzel
Umschlagfotos: Holger Hoetzel
Layout und Satz: Bernd Walser Buchproduktion, München
Reproduktion: Fotolito Longo, Bozen

Druck und Bindung: Fotolito Longo, Bozen
Printed in Italy

ISBN 3-87287-463-2

Abkürzungserklärungen

EL	=	Eßlöffel
TL	=	Teelöffel
ml	=	Milliliter
l	=	Liter
cm	=	Zentimeter
g	=	Gramm
kg	=	Kilogramm
Msp.	=	Messerspitze
ca.		cirka
°C	=	Grad Celsius

INHALT

Die Geschichte des Diner 6

Frühstück 12

Suppen & Salate 32

Burger & Sandwiches 42

Snacks & Hauptspeisen 60

Desserts & Kuchen 80

Glossar 94
Rezeptverzeichnis 96

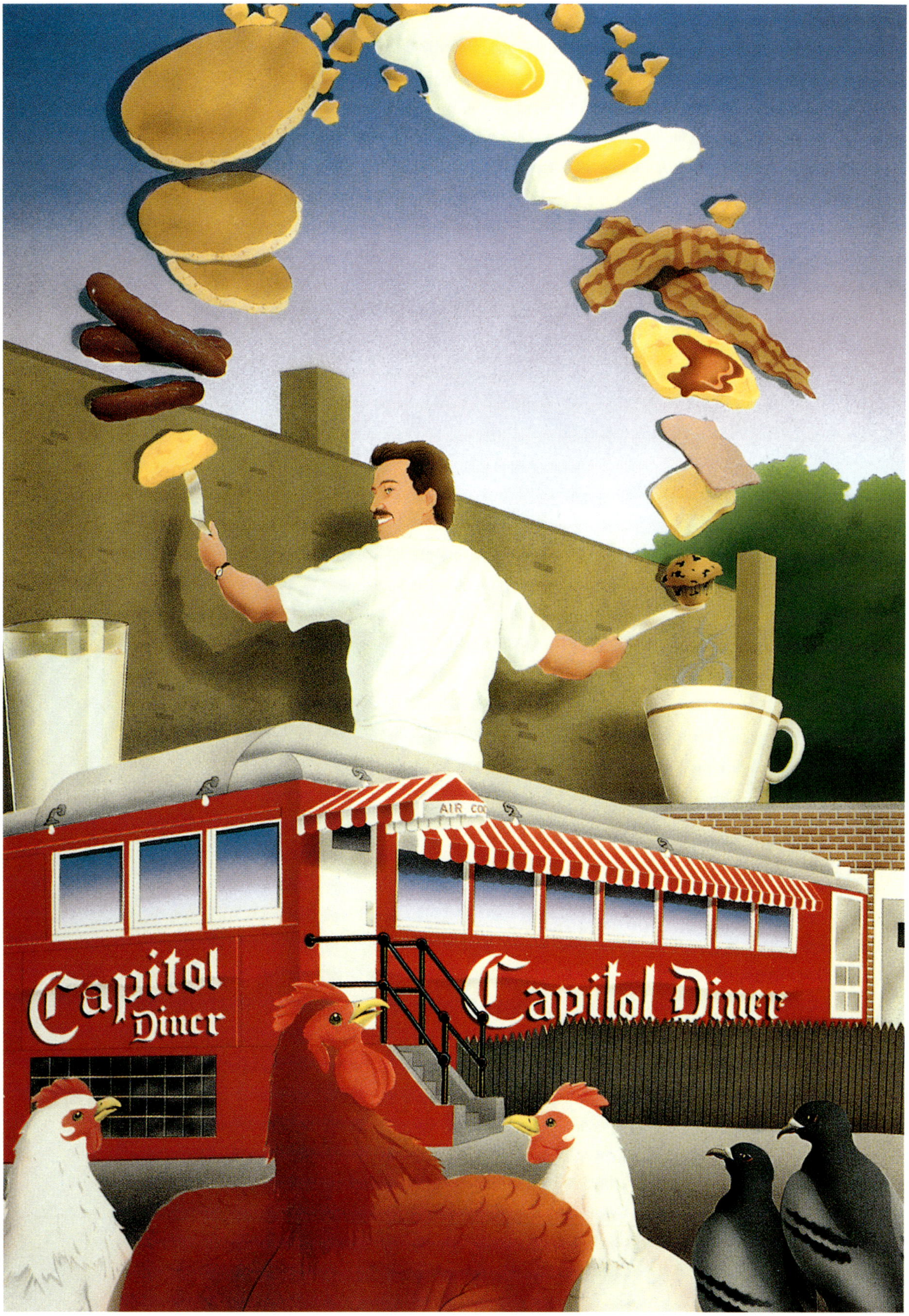
AIR CO
Capitol
Diner
Capitol Diner

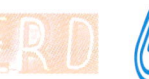

DIE GESCHICHTE DES DINER

DER MYTHOS DES DINER

Ich erinnere mich noch genau an jenes Herzklopfen, das mich immer dann überfiel, wenn nach Hunderten von Meilen entlang eines alten Staatshighways plötzlich eines jener Neonschilder im Abendhimmel leuchtete, wenn der nasse Asphalt in tausend Farben strahlte und ich hinter den Fenstern eines Diners im grünen Licht der Leuchtstoffröhren reges Leben entdeckte. Die Suche nach diesen uramerikanischen Restaurants, die mich Anfang der 90er Jahre kreuz und quer durch die Staaten New York, New Jersey, Pennsylvania, Connecticut, Massachusetts, Rhode Island, New Hampshire, Vermont und Maine führte, war damals zu einem regelrechten Fieber geworden, das nur meine Kamera, ein BLT-Sandwich und eine gehörige Portion Hashbrowns lindern konnten. Gegessen habe ich in allen – morgens, mittags, abends, zu allen Tages- und Nachtzeiten. Die schönsten habe ich bis ins Detail fotografiert, völlig besessen von ihrer mutigen Ästhetik, ihrer bunten und melancholischen Schönheit, die aus einer Zeit stammte, in der Amerika noch ein Land völlig frei von Selbstzweifeln war.

Ein Glück, daß ich damals in New York und noch nicht in Los Angeles lebte, denn an der Westküste hätte ich den Diner nie entdeckt. Denn im Nordosten der USA wurde er nicht nur geboren, er hat dort auch seine kulturelle Identität gefunden. Im Rest Amerikas haben Diner letztendlich nie so richtig Fuß gefasst. Mehr als neunzig Prozent aller verbleibenden Diner sind auch heute noch in den Staaten des amerikanischen Nordostens zu finden, wo seine Popularität nie geschwunden ist. Hier wurde aus diesem eigentümlichen Restaurant im Laufe der Jahrzehnte so etwas wie eine Heimat, ein zweites Zuhause, ein vertrauter Ort, an dem die Bedienung ihre Kunden nicht nur beim Namen kennt, sondern auch im voraus weiß, was sie bestellen werden.

DIE GESCHICHTE DES DINER

WIE ALLES ANFING

Der Diner ist Amerikas ureigenes Restaurant. Seine Geschichte beginnt in Providence, Rhode Island, wo ein findiger Unternehmer namens Walter Scott 1872 begann, Sandwiches, gekochte Eier, Kaffee und Kuchen von einem Pferdewagen aus zu verkaufen. Der Erfolg des „Night Lunch Wagons" war so groß, daß Scotts Idee bald zahlreiche Nachahmer fand. Sam Jones aus Worcester, Massachusetts, zum Beispiel, der den ersten mobilen Lunchkarren vorstellte, der bereits eine vollständige Küche und Stehplätze für Kunden hatte. Und weil viele Gemeinden den Betrieb der fahrenden Wagen mit ihrer nächtlichen, wilden Kundschaft zunehmend einschränkten, verlor der „Lunch Wagon" schließlich seine Räder und verwandelte sich in den Dining Car mit all seinen charakteristischen Merkmalen: Ein langer Tresen gehört ebenso dazu wie die fest angeschraubten einbeinigen Hocker. Aufwendigere Modelle waren mit hübschen kleinen Keramikkacheln an Wänden und am Boden gefliest. In das Glas der Fenster waren feine Dekors geätzt, und das Licht, das von außen in den Diner fiel, spiegelte sich in metallglänzenden Kaffeeurnen und Abzugshauben über dem Grill. Frühstück, Mittag- und Abendessen im 24-Stunden-Takt. Diner-Hersteller Jerry O'Mahoney war es, der dem Dining Car seinen neuen Namen gab, als er das Wort Diner 1924 zum ersten Mal in einem Verkaufsprospekt benutzte. Zwischen sieben- und neuntausend Dollar kostete Mitte der zwanziger Jahre ein komplett mit Kühlschrank, Gasherd, Grill, Dessertvitrinen, Kaffeeurnen und Kasse ausgestatteter Diner. Der Transport aus der Diner-Fabrik an den Standort, per Eisenbahn oder Tieflader, war im Preis inbegriffen.

Der zukünftige Besitzer sorgte für die Kanalisation, Elektrizität und den Gasanschluß am Standort. Zur Eröffnung mußte er lediglich Kaffee, Eier, Speck und sonstige Zutaten einkaufen. Geschirr, Besteck und all die anderen in der Gastronomie notwendigen Utensilien wurden bei einem fabrikneuen Diner bereits mitgeliefert. Die bunt emaillierten oder edelstahlglänzenden Diner tauchten auf diese Weise praktisch über Nacht an der Main Street oder neben den Highways auf.

Als nach dem 2. Weltkrieg Edelstahl, Resopal und Pastellfarben Einzug hielten im Dinerbau, wurde ein amerikanisches Ikon geprägt, wie es die Welt aus zahllosen Spielfilmen wie Barry Levinsons *Diner* und *Avalon* oder auch Martin Scorseses Goodfellas kennt. Die funkelnden und bunt leuchtenden Wagen, mit denen wir heute das Wort Diner assoziieren, wurden Teil der Populärkultur des Landes.

"Einer der faszinierendsten Aspekte ist, daß sich Diner architektonisch wie ästhetisch ständig veränderten", sagt Dinerhistoriker Richard Gutman. „Von den Lunch Wagons über die viktorianischen Paläste mit den bunten Fenstern bis zu den Streamlinern der dreißiger Jahre und den Edelstahldinern der Vierziger und Fünfziger – Diner reflektieren immer die Populärkultur der Ära, in der sie gebaut wurden."

LANGE TRESEN UND BUNTE KACHELN

Ihre optische Faszination liegt in der Variation des immer gleichen Grundaufbaus. Praktisch alle Diner haben einen langen Tresen, einen Grill dahinter und fest installierte Barhocker davor. An der langen Fensterseite stehen angeschraubte Bänke und Tische – wie Zugabteile

Lunch Wagon von Miles & Ryan

DIE GESCHICHTE DES DINER

aneinandergereiht. Kein Wunder, daß Amerikaner beim Betreten eines Diners dieses Gefühl von Heimat und Zusammengehörigkeit haben, das man in keinem anderen Restaurant empfindet. Irgendwie war man eben immer schon mal da. „Die Dinerarchitektur kommuniziert eine bestimmte Art von Essen, von Werten, eine ganz bestimmte Atmosphäre", sagt Richard Gutman. Der Diner versetzt in einen Zustand wohliger Melancholie, seine Architektur trägt die kollektive Erinnerung an ein besseres Amerika.

Ist die Bedienung oder „Waitress" die Seele eines guten Diners, dann ist der Grillmann oder „Short-Order"-Koch sein Herz und Motor. Der Grillmann hat all die Bestellungen, die ihm die „Waitress" zuruft, im Kopf. Mit schnellen, sparsamen Bewegungen zerschlägt er Eier, gießt Pancaketeig auf den Grill, toastet Brot, brät Speck. Vor den Augen derer, die mit müden Gesichtern und wachen Augen am Tresen hocken. „Viele unserer Kunden sitzen am Tresen, um dem Koch am Grill zuzusehen", sagt „Bud" Earle F. Bryer, Besitzer von *Al Mac's* in Fall River, Massachusetts. „Da ist morgens um sechs bereits Showtime."

EINE CHANCE FÜR EUROPÄISCHE IMMIGRANTEN UND DIE DEMOKRATIE

Daß sich zahllose Einwanderer im Dinergeschäft etablierten, hatte auch mit der großzügigen Finanzierungspolitik von Dinerfabrikanten zu tun, die in vielen Fällen Ratenzahlungen akzeptierten. Das machte einen Diner auch für diejenigen interessant, denen große Summen Bargeld nicht zur Verfügung standen. So fanden Hunderte von Griechen, Italienern, Jugoslawen und andere Einwanderer ihren Weg an den amerikanischen Dinergrill. „Niemand war bereit, so hart zuzufassen, wie die Einwanderer, die Länder verlassen hatten, in denen es keine Arbeit gab", sagt Richard Gutman. „Das ist ein Geschäft, in dem man wirklich als Tellerwäscher beginnen konnte. Vielleicht schaffte man es nicht zum Millionär, aber die Chance, daß man es zum eigenen Diner brachte und selbständig arbeiten konnte, war sehr groß."

Die amerikanische Speisekarte mit ihren Hamburgern, Cheeseburgern, Fries und Sand-

Vorläufer des Diner um die Jahrhundertwende: der Lunch Car No. 201

Innenansicht des Worcester Lunch Car No. 200

DIE GESCHICHTE DES DINER

Ebby's Diner in Lancaster, Pennsylvania

kommt in einen Diner, um syrisch zu essen", sagt der syrische Einwanderer Botros Astiphan, Besitzer von *Chappy's Diner*, Paterson, New Jersey.

So dauerte es nicht lange, bis aus Tony und Teddy waschechte Amerikaner wurden. Ihre Assimilation in die Gemeinde erlebten sie an einer ihrer klassischen Schnittstellen – dem Diner an der Main Street, der als Symbol eines Amerikas, wie es einmal gedacht war, zu einer Institution geworden ist: das demokratische Restaurant der Neuen Welt.

Hier wird jeden Morgen ein Ideal der klassenlosen Gesellschaft Realität, das andernorts schon fast in Vergessenheit geraten ist: „In meinem Diner sitzen Rechtsanwalt, Richter und Bauarbeiter beim Frühstück am Tresen nebeneinander", sagt Dennis P. „Skip" Scipione, Besitzer des *Blue Moon Diner* in Gardner, Massachusetts. „Unsere Gäste kommen aus allen Schichten der Bevölkerung. Ein Diner ist ein sehr demokratischer Ort. Hier sind alle gleich."

DINER IST WIEDER IM KOMMEN

Gab es in den fünfziger Jahren in den USA einmal fast sechstausend Diner, liegt ihre Zahl heute bei etwa vierzehnhundert. Ihr Niedergang begann Anfang der sechziger Jahre mit der explosiven Entwicklung der amerikanischen Fast-Food-Industrie. Binnen weniger Jahre hatten Tausende von anonymen McDonald's und Burger Kings das Land überzogen und verkauften Billigstmahlzeiten, auf deren mittelmäßige Qualität man sich getrost verlassen konnte.

Erst als Anfang der achtziger Jahre der *Modern Diner* in Pawtucket, Rhode Island, in das nationale Register historischer Bauten aufgenommen wurde, kamen die Diner auch zu offizieller Wertschätzung. Heute ist das Interesse enorm gewachsen – die Baby-Boom-Generation entdeckt das Restaurant ihrer Jugend wieder und zeigt es ihren Kindern.

Nach Schätzungen von Richard Gutman sind in den USA heute etwa vierhundert Diner aus den goldenen Dinerjahren, den Dreißigern, Vierzigern und Fünfzigern in Betrieb. Darunter sind

wiches bot eine Möglichkeit der Eingliederung in die neue Kultur. Natürlich brachten die Einwanderer auch Inspirationen aus ihrer Heimat mit, die Tageskarte mit ihren Lunch- und Dinner-Specials spiegelte das häufig wieder. Aber im Grunde genommen ist der Diner ein Bekenntnis zu etwas Uramerikanischem. „Wer in einen Diner kommt, der will ganz bestimmte Dinge auf der Speisekarte finden, Dinge, die er kennt, Sandwiches, Hamburger, usw. Niemand

DIE GESCHICHTE DES DINER

abgewirtschaftete Wracks genauso wie schicke Szenediner mit New-Age-Speisekarten, wie zum Beispiel das *Empire Diner* in New York, das *Fog City Diner* in San Francisco und das *Blue Diner* in Boston.

In der Mitte dieses breiten Spektrums finden sich Hunderte von Dinern, die sozusagen in ein Zeitloch gefallen sind und sich bis heute kaum verändert haben. Diner mit abgewetztem Resopal-Tresen, an dem die Betty-Joes und Marthas den neuesten Nachbarschaftsklatsch verbreiten, und einem Grill, auf dem die Tonys und Arnolds seit fünfzig Jahren Hamburger, Speck und Eier braten.

Mittlerweile reicht das Interesse für Diner weit über die USA hinaus. „Der Diner ist ein Ikon der amerikanischen Kultur geworden", sagt Richard Gutman. Besonders die Engländer scheinen sich in den Diner verliebt zu haben. Das Unternehmen Classic Diners verschiffte in den vergangenen Jahren drei restaurierte US-Diner nach England, wo sie unter dem Namen „Fat Boy's" wiedereröffnet wurden. Der *Beach Haven Diner* aus New Jersey, ein Klassiker aus dem Jahre 1949, fand gar seinen Weg nach Barcelona. Und der junge Unternehmer Bernd Richter aus Heubach verschiffte vor einigen Jahren den ersten Original-Diner nach Aalen auf die schwäbische Alb. So muß sich um das Überleben dieser amerikanischen Institution niemand mehr Sorgen machen, ganz im Gegenteil. Ganz sicher hat die neue Popularität auch mit der amerikanischen Dinerküche zu tun, die in ihrer unprätentiösen Freundlichkeit mittlerweile auf der ganzen Welt Freunde gefunden hat.

Holger Hoetzel

Mid-Way Diner, Burlington, Vermont

FRÜHSTÜCK DINER

Diner sind schlichtweg die besten Frühstücksrestaurants der Welt. Nicht nur, weil sie meist schon geöffnet sind, wenn der Tag noch gar nicht angebrochen ist, sondern auch, weil man hier rund um die Uhr frühstücken kann, wenn einem Herz und Magen danach stehen. Nichts duftet so hinreißend wie das „Breakfast" im Diner – egal, ob es sich nun um Pancakes, Muffins, Rühr- und Spiegeleier, Hashbrowns oder irgendeine der anderen Köstlichkeiten handelt, die Amerika im Morgenlicht serviert. Dazu gibt es frischen, heißen Kaffee. Die erste Tasse wird bezahlt, alle weiteren sind gratis.

Angelo's Diner in Glassboro, New Jersey

FRÜHSTÜCK

Eggs Benedict
EIER BENEDIKT

Dieses berühmte Gericht wurde nach dem amerikanischen Börsenmakler Benedict benannt. Dieser pflegte in dem renommierten New Yorker Restaurant »Del Monico« seine Frühstückseier nach dieser Zubereitungsart zu sich zu nehmen.

Für 4 Personen
Zubereitung: 30 Minuten

ZUTATEN
8 frische Eier
4 Muffins (ersatzweise Toastbrot)
Für die Sauce hollandaise:
100 g Butter
4 frische Eigelb
50 ml Wasser
1 TL Salz
2 EL trockener Weißwein
1 EL Zitronensaft
Außerdem:
8 Scheiben gekochter Hinterschinken, mittelfein geschnitten
2 EL Butter
1 EL Schnittlauchröllchen

Einen Topf mit Wasser erhitzen, die Eier vorsichtig ins siedende Wasser geben und etwa 3 Minuten kochen lassen. Mit einem Schaumlöffel herausnehmen, abschrecken und etwas erkalten lassen. Anschließend die Eier vorsichtig schälen. Die Muffins halbieren. Einen Topf für ein Wasserbad bereit stellen und Wasser erhitzen.

Für die Sauce hollandaise die Butter in einer kleinen Pfanne zerlassen und beiseite stellen. Die Eigelbe, das Wasser, das Salz und den Weißwein nacheinander in eine Edelstahlschüssel geben. Die Eigelbmasse im Wasserbad bei kleiner Hitze so lange mit einem Schneebesen rühren, bis sie eindickt. Danach die zerlassene Butter zugeben und weiterrühren, bis die Masse leicht schäumt. Mit Zitronensaft abschmecken und im Wasserbad warm halten.

Den Schinken in einer Pfanne knusprig braten und warm stellen. Die Muffinhälften mit der Schnittfläche nach unten in einer heißen Pfanne ohne Fettzugabe goldgelb toasten und noch heiß mit Butter bestreichen.

Auf einen Teller je 2 Muffinhälften setzen und darauf 2 Eier geben. Das Ganze mit Sauce hollandaise überziehen und mit Schinken belegen. Zum Schluß mit Schnittlauch garnieren. Sofort servieren.

VARIATION
Die hier beschriebene Sauce hollandaise ist eine schnelle Version der berühmten großen Schwester aus Frankreich. Durch Zugabe von frischen Kräutern oder Gewürzen läßt sie sich beliebig abwandeln.

DINER TIP
Muffins sind inzwischen auch in unseren Breiten erhältlich. In gut sortierten Supermärkten werden sie abgepackt oder tiefgefroren angeboten. Am besten schmecken natürlich selbstgemachte (s. Rezept S. 25).

Bauarbeiter Ken Beaton beim Frühstück im Capitol Diner in Lynn, Massachusetts

Sunny-Side-up Eggs with Hashbrowns

SPIEGELEIER MIT BRATKARTOFFELN

Selbstverständlich wird jeder Diner-Grillman behaupten, er serviere die besten Bratkartoffeln weit und breit. Tatsächlich wird die knusprige Beilage überall nach „Geheimrezept" zubereitet, manche schwören auf rote Kartoffeln, andere hingegen braten die Knollen in Butter und Olivenöl an.

Die Kartoffeln in Salzwasser weich kochen, dann abgießen, pellen und würfeln. Den Frühstücksspeck in einer Pfanne ohne Fettzugabe knusprig braten, herausnehmen und warm stellen. Etwa die Hälfte des ausgelassenen Fetts vom Speck abgießen und beiseite stellen.

Die Kartoffelwürfel in die Pfanne geben und in dem restlichen Fett unter mehrmaligem Rühren knusprig braun braten. Mit Worcestershiresauce, Cayennepfeffer und Salz abschmecken. Dann gut warm halten.

Das abgegossene Fett in eine zweite Pfanne geben und erhitzen. Die Eier bei kleiner Hitze zu Spiegeleiern braten, salzen und pfeffern.

Die Bratkartoffeln auf Tellern anrichten, mit Frühstücksspeck sowie Spiegeleiern belegen und alles heiß servieren.

Für 4 Personen
Zubereitungszeit: 40 Min.

ZUTATEN

4 große Kartoffeln
2 TL Salz
8 Scheiben Frühstücksspeck
1 TL Worcestershiresauce
1 TL Cayennepfeffer
4 Eier
Salz und Pfeffer aus der Mühle

Zu diesem Gericht serviert man im Diner außerdem gebratene Speck- oder Schinkenstreifen, gebratene Würstchen oder Corned Beef. Normale Spiegeleier heißen „sunny side up", wenn sie auch von der anderen Seite gebraten werden, nennt man sie „turned" oder „turned over".

Scrambled Eggs with Herbs

RÜHREIER MIT KRÄUTERN

Zu Rühreiern serviert man knusprig gebratenen Speck, frisch getoastetes Weißbrot – den berühmten „French Toast" – und soviel Butter, wie Sie bewältigen können.

Für 4 Personen
Zubereitungszeit: 10 Min.

ZUTATEN

8 Eier, 120 g Sahne
1 EL gehacktes Basilikum
1 EL Schnittlauchröllchen
1 EL gehackte Petersilie
Salz und Pfeffer aus der Mühle
2 EL Butter

Die Eier nacheinander in eine Schüssel aufschlagen, mit einem Schneebesen verquirlen, die Sahne und die Kräuter untermischen. Die Eiermasse mit Salz und Pfeffer würzen.

Die Butter in einer Pfanne zergehen lassen, die Eiermasse zugeben und bei schwacher Hitze stocken lassen. Dabei mehrmals umrühren. Nach Belieben nochmals mit Salz und Pfeffer abschmecken. Die Rühreier sofort auf 4 Teller verteilen und warm auftragen.

Rühreier dürfen keinen Augenblick „unbeaufsichtigt" gelassen und sollten rasch serviert werden, sonst werden sie zu trocken.

FRÜHSTÜCK

Cheese Omelettes

KÄSE-OMELETTES

Cheddar ist in den USA so verbreitet, daß er mancherorts einfach nur als „American Cheese" angeboten wird. Dabei stammt die Hartkäsesorte ursprünglich aus Cheddar, einem Städtchen in der englischen Grafschaft Somerset.

Für 4 Personen
Zubereitungszeit: 25 Min.

ZUTATEN

100 g Cheddar
50 g junger oder mittelalter Parmesan
1/2 Bund Schnittlauch
1/2 Bund Estragon
8 Eier
Salz und Pfeffer aus der Mühle
1 EL Butter

Den Backofen auf 200 °C vorheizen. Den Cheddar und den Parmesan mit Hilfe einer Käsereibe grob in Schälchen reiben. Die Kräuter waschen und trockenschütteln. Den Schnittlauch in feine Röllchen schneiden, von den Estragonzweigen die Blätter abpflücken und mit einem Messer fein hacken.

Für die Omelettes die Eier in eine Schüssel aufschlagen, mit einem Schneebesen verquirlen, die Kräuter dazugeben und mit Salz sowie Pfeffer aus der Mühle würzen. Etwas Butter in einer Pfanne erhitzen, etwa ein Viertel der Eimasse hineingießen, verteilen und bei kleiner Hitze stocken lassen. Das Omelette mit einer Palette wenden und die Unterseite bei kleiner Hitze backen.

Auf diese Weise 3 weitere Omelettes backen. Dabei vor dem Backen immer wieder etwas Butter in die Pfanne geben. Die Omelettes im Ofen kurz warm stellen. Dann auf 4 hitzebeständige Teller legen, jeweils mit geriebenem Käse bestreuen und in den Backofen geben, bis der Käse zerlaufen ist. Das Ganze heiß servieren.

VARIATION

Wenn Sie den Teig mit je 1 gehackten Knoblauchzehe und Zwiebel, 2 gewürfelten Tomaten, 100 g halbierten Champignons und 1 gehackten Chilischote anreichern, erhalten Sie „South American Omelettes".

Chelsea Royal Diner in West Attleboro, Vermont

FRÜHSTÜCK

Jumbo Bagels
EINFACHE BAGELS

Bagels ißt man nicht nur zum Frühstück, sondern auch zum Lunch. Seine Hochburg ist in New Yorks Lower East Side, dem alten jüdischen Viertel. Bagels sind ein jüdisches Gebäck, das längst auch von allen Amerikanern geliebt wird.

*Ergibt etwa 16 Stück
Zubereitungszeit: 30 Min.
Zeit zum Gehen:
1 Std. 30 Min.*

ZUTATEN

150 ml Milch
2 EL Butter
2 EL Zucker
1/2 TL Salz
20 g frische Hefe (1/2 Würfel)
300 g Mehl
1 Ei
1 verquirltes Eigelb zum Bestreichen

Die Milch zusammen mit der Butter, 1 Teelöffel Zucker und dem Salz in einen Kochtopf geben. So lange erhitzen, bis die Butter geschmolzen ist. Danach alles gut vermengen und etwas abkühlen lassen.

Die Hefe mit der Hand zerbröckeln und in die Milch geben. Das Ganze verrühren, bis sich die Hefe aufgelöst hat. Danach die Masse mit einem Küchentuch bedeckt an einem warmen Ort etwa 10 Minuten gehen lassen.

Inzwischen das Mehl in eine Schüssel sieben und in die Mitte eine Mulde drücken. Das Ei aufschlagen und hineingeben. Anschließend die Hefemischung hinzugießen und das Ganze zu einem weichen Teig verkneten. Falls der Teig klebt, noch etwas Mehl hinzufügen. Zugedeckt an einem warmen Ort nochmals 1 Stunde gehen lassen, bis sich das Teigvolumen verdoppelt hat. Zum Schluß nochmals durchkneten und in 16 gleich große Portionen teilen.

Jedes Stück zu einer etwa 1 cm dicken und 10 cm langen Rolle formen. Von jeder Rolle die beiden Enden leicht mit Wasser befeuchten und zusammendrücken, so daß ein Ring entsteht. Die Ringe auf einer bemehlten Arbeitsfläche nochmals 20 Minuten gehen lassen.

Den Backofen auf 200 °C vorheizen. In einem großen Topf reichlich Wasser zum Kochen bringen, dann bei reduzierter Hitze den restlichen Zucker in das schwach siedende Wasser hineinrühren. Jeweils 2 bis 3 Ringe hineingeben, so daß sie sich nicht berühren und so lange pochieren, bis sie aufquellen.

Nach etwa 3 Minuten die Bagels mit einem Schaumlöffel herausheben, abtropfen lassen und auf ein mit Backpapier belegtes Blech legen. Danach mit dem Eigelb bestreichen und das Blech in den Backofen geben. Die Bagels so lange backen, bis sie aufgegangen sind und eine goldene Farbe angenommen haben.

DINER TIP

Bagels werden traditionell zusammen mit Doppelrahmfrischkäse (Philadelphia) und geräuchertem Lachs serviert. Manchmal werden Sie auch mit Tomaten und Mozzarella angeboten.

VARIATION

Sie können die Bagels nach dem Bestreichen mit Eigelb reichlich mit Mohn- oder Sesamsamen bestreuen. Oder Sie geben in Öl gedünstete Zwiebelwürfel darauf. Den Teig können Sie mit Rosinen und Zimt anreichern.

Am Tresen von Skee's Diner in Torrington, Connecticut

Ham and Cheese Omelettes

SCHINKEN-KÄSE-OMELETTES

Schinken-Käse-Kombinationen gehören im Diner zum Standard. Ob als Sandwich, zusammen mit Spiegeleiern oder als Omelette – Gerichte mit diesen beiden Zutaten bekommt man in ganz Amerika.

Für 4 Personen
Zubereitungszeit: 25 Min.

ZUTATEN

2 vollreife Tomaten
100 g Cheddar
150 g gekochter Schinken
3 EL Butter
8 Eier
Salz und Pfeffer aus der Mühle

Den Backofen auf 200 °C vorheizen. Die Tomaten waschen, vom Stielansatz befreien, halbieren, entkernen und in Würfel schneiden. Den Cheddar mit Hilfe einer Käsereibe grob in ein Schälchen reiben.

Den Schinken würfeln. 2 Eßlöffel Butter in einer Pfanne erhitzen und die Schinkenwürfel darin kurz anbraten. Dann herausnehmen.

Die Eier mit einem Schneebesen verquirlen, die Schinkenwürfel dazugeben und mit Salz sowie Pfeffer würzen. Etwas von der restlichen Butter in einer Pfanne erhitzen.

Etwa ein Viertel der Eimasse hineingießen, verteilen und bei kleiner Hitze stocken lassen. Das Omelette mit einer Palette wenden und die Unterseite bei kleiner Hitze backen. Auf diese Weise 3 weitere Omelettes backen. Dabei vor dem Backen immer wieder etwas Butter in die Pfanne geben. Die Omelettes im Ofen kurz warm stellen. Dann auf 4 hitzebeständige Teller legen, jeweils mit geriebenem Käse bestreuen. Die Teller in den Ofen geben und die Omelettes so lange überbacken, bis der Käse zerlaufen ist.

Capitol Diner in Lynn, Massachusetts

FRÜHSTÜCK

Greek Omelettes with Feta and Tomatoes

GRIECHISCHE OMELETTES MIT FETA UND TOMATEN

Die Tatsache, daß viele Einwanderer aus Südeuropa ihr Glück in Amerika mit einem Diner versucht haben, hat Spuren hinterlassen. Hinter vielen Diner-Tresen stehen heute noch Griechen und das Speisenangebot ist dementsprechend.

Für 4 Personen
Zubereitungszeit: 35 Min.

ZUTATEN

180 g Feta (griechischer Schafskäse)
2 vollreife Tomaten
1 Knoblauchzehe
8 Eier
Salz und Pfeffer aus der Mühle
1 EL Butter
1 EL gehackter Rosmarin

Den Backofen auf 200 °C vorheizen. Den Feta mit den Händen in eine Schüssel zerbröckeln. Die Tomaten waschen, vom Stielansatz befreien, halbieren, entkernen und in Würfel schneiden. Den Knoblauch schälen und fein hacken.

Für die Omelettes die Eier in eine Schüssel aufschlagen und mit einem Schneebesen verquirlen, den Fetakäse sowie den Knoblauch zugeben und alles mit Salz und Pfeffer würzen.

Die Butter in einer Pfanne erhitzen. Etwa ein Viertel der Eimasse hineingießen, verteilen und bei kleiner Hitze stocken lassen. Das Omelette mit einer Palette wenden und die Unterseite bei kleiner Hitze backen. Auf diese Weise 3 weitere Omelettes backen. Dabei vor dem Backen immer wieder etwas Butter in die Pfanne geben. Die Omelettes im Ofen kurz warm stellen.

Jedes Omelette auf einen Teller geben, alle mit Tomatenwürfeln belegen und mit Rosmarin bestreuen. Sofort servieren.

VARIATION

Nach Belieben können Sie noch 1/2 kleingehackte Chilischote oder Peperoni unter den Omeletteteig mischen, dann schmeckt das Ganze pikanter.

FRÜHSTÜCK

Doughnuts
DOUGHNUTS

Bei Doughnuts handelt es sich um amerikanische Fastnachtkrapfen aus süßem Hefeteig, die deutsche Einwanderer in die USA brachten. Wie das Loch in die Mitte kam, darüber diskutieren noch heute die Anhänger dieser Spezialität. In den USA sind sie das beliebteste Gebäck.

Ergibt etwa 16 Stück
Zubereitungszeit: 50 Min.
Zeit zum Gehen: 3 Std.

ZUTATEN
500 g Mehl
1 1/2 Päckchen Trockenhefe
1/2 l Milch
70 g Zucker
60 g Butter
3 Eigelb
1/2 TL Salz
Öl für die Schüssel
2 l Öl zum Ausbacken
Zucker zum Bestreuen

Das Mehl und die Trockenhefe in einer Schüssel miteinander vermischen. Die Milch in einem Topf erwärmen, den Zucker zusammen mit der Butter bei kleiner Hitze darin verrühren. Die lauwarme Milch nach und nach zur Mehlmischung gießen, die Eigelbe sowie das Salz zugeben und alles zu einem glatten Teig verkneten. Sollte der Teig zu feucht sein, noch etwas Mehl hinzufügen. Falls der Teig zu trocken ist, noch etwas Milch zugeben.

Auf einem bemehlten Brett nochmals gut durchkneten und zu einer Kugel formen. Den Teig in eine mit Öl ausgepinselte Schüssel geben, mit einem Küchentuch bedecken und an einem warmen Ort 1 Stunde und 30 Minuten gehen lassen. Danach nochmals durchkneten, wieder bedecken und weitere 15 Minuten gehen lassen.

Anschließend auf einem bemehlten Brett etwa fingerdick ausrollen. Mit einem Glas von etwa 8 cm Durchmesser Kreise ausstechen. Mit einem Rundausstecher von 5 cm Durchmesser jeweils in der Mitte einen Kreis ausstechen, so daß Ringe entstehen. Die Ringe auf ein bemehltes Blech legen und nochmals 1 Stunde gehen lassen.

Das Öl in einem Topf erhitzen und die Ringe im heißen Öl portionsweise ausbacken, bis sie auf beiden Seiten goldbraun sind. Mit einem Schaumlöffel herausheben, auf einem Küchentuch abtropfen lassen und dick mit Zucker bestreuen.

DINER TIP

In den USA gibt es spezielle Doughnutcutter zum Ausstechen der Ringe. Mit etwas Glück kann man dieses Gerät auch hier in gut sortierten Küchenwarenläden kaufen.

Zip's in Dayville, Connecticut

FRÜHSTÜCK

Blueberry and Almond Muffins

BLAUBEER-MANDEL-MUFFINS

Die ausgedehnten Wälder Amerikas liefern reichlich Blau-, Him- und Preiselbeeren. Kein Wunder also, daß viele Kuchen und Gebäcke mit diesen Früchten zubereitet werden.

Ergibt etwa 12 Stück
Zubereitungszeit: 50 Min.

ZUTATEN

1/8 l Buttermilch
2 Vanilleschoten
200 g Zucker
2 EL feingehackte Mandelstifte
125 g zimmerwarme Butter
2 Eier
280 g Mehl
2 TL Backpulver
1/2 TL Salz
250 g Blaubeeren (Heidelbeeren)

Außerdem:
Butter für die Förmchen

Den Backofen auf 200 °C vorheizen. Die Buttermilch in einen Topf gießen. Die Vanilleschoten längs aufschlitzen, hineingeben und das Ganze einmal aufkochen lassen. Die Schoten herausnehmen, das Vanilleschotenmark herauskratzen und in die Buttermilch zurückgeben. Die Mischung verrühren und kühl stellen.

Den Zucker und die Mandelstifte in einer Schüssel gut vermischen. Die Butter zugeben und alles mit einem Schneebesen schaumig rühren. Die Eier nach und nach unterziehen.

140 g Mehl, das Backpulver, das Salz sowie die Hälfte der Buttermilch hinzufügen und das Ganze mit den Quirlhaken eines elektrischen Handrührgeräts auf kleiner Stufe mixen.

Die Blaubeeren verlesen, unter fließenden kaltem Wasser kurz abspülen und abtropfen lassen. Das restliche Mehl und die restliche Buttermilch zum Teig geben, gründlich unterrühren. Die Blaubeeren vorsichtig unter den Teig heben.

12 Muffinförmchen ausbuttern und jeweils halbvoll mit Teig füllen. Die Muffins in den vorgewärmten Backofen geben und in 20 bis 25 Minuten goldbraun backen.

VARIATION

Sehr fein schmecken auch Himbeermuffins. Hierfür die Buttermilch durch Milch ersetzen, die Mandelstifte weglassen und 150 g Doppelrahmfrischkäse unter den Teig rühren. Zum Schluß 200 g Himbeeren unterheben. Dann fortfahren, wie bei den Blaubeer-Mandel-Muffins.

In Wolfe's Diner in Dillsburg, Pennsylvania

English Muffins

EINFACHE MUFFINS

In England, dem Ursprungsland dieses Gebäcks, werden Muffins warm zum Tee serviert. In Amerika werden sie gerne zum Frühstück und als Beilage kredenzt. Sie können problemlos tiefgefroren und wieder aufgebacken werden.

Ergibt etwa 12 Stück
Zubereitungszeit: 30 Min.

ZUTATEN

280 g Mehl
1 TL Salz
1 EL Zucker
4 TL Backpulver
1 Ei
4 EL zerlassene Butter
250 ml Milch
Butter und Mehl für die Förmchen

Den Backofen auf 200 °C vorheizen. Das Mehl in eine Schüssel sieben. Salz, Zucker sowie Backpulver zufügen und das Ganze gut vermischen. Das Ei in eine Tasse aufschlagen, leicht verquirlen und zusammen mit der zerlassenen Butter zur Mehlmischung geben. Die Milch zugießen und alles zu einem glatten Teig verarbeiten.

Das Muffinblech bzw. die Förmchen gut ausbuttern und mit etwas Mehl ausstäuben. Die Förmchen jeweils halbvoll mit Teig füllen. Die Muffins in 20 bis 25 Minuten im Backofen goldbraun backen. Warm servieren.

Für die Muffinherstellung gibt es spezielle Backbleche, in denen gleichzeitig 6 oder 12 Stück gebacken werden können. Ersatzweise können auch kleine Ragôut-Fin-Förmchen dafür verwendet werden.

FRÜHSTÜCK

Waffels with Fresh Fruits and Maple Syrup

BELGISCHE WAFFELN MIT FRISCHEN BEEREN UND AHORNSIRUP

Bei dieser Köstlichkeit geraten Amerika-Liebhaber ins Schwärmen. Die Waffel ist heiß und luftig, die Beeren sind saftig und kühl; das ist Diner-Küche at its best.

Ergibt etwa 8 Stück
Zubereitungszeit: 30 Min.

ZUTATEN

250 g Erdbeeren
100 g Blaubeeren
100 g Himbeeren
380 g Mehl
2 EL Zucker
3 TL Backpulver
1/2 TL Zimtpulver
1/2 TL Salz
1/4 l Buttermilch
2 EL Butter
2 Eier
Öl für das Waffeleisen
1/8 l Ahornsirup

Alle Beeren unter fließend kaltem Wasser gut abspülen und abtropfen lassen. Die Erdbeeren putzen und vierteln. Ein elektrisches Waffeleisen vorheizen. Mehl, Zucker, Backpulver, Zimt und Salz in einer großen Schüssel gut vermischen.

Die Buttermilch zusammen mit der Butter in einem Topf erwärmen, die Eier verquirlen und unterrühren. Das Ganze in eine Schüssel geben und mit den Quirlhaken eines elektrischen Handrührgeräts vorsichtig durchmixen. Die Mehlmischung zufügen und alles gut vermischen.

Die Backflächen des Waffeleisens dünn mit Öl bestreichen. Pro Waffel 2 bis 3 Eßlöffel Teig auf die untere Backfläche geben und glattstreichen. Das Waffeleisen schließen und die Waffel goldbraun backen. Auf diese Weise aus dem restlichen Teig Waffeln backen.

Die Waffeln auf Tellern anrichten, die verschiedenen Beeren jeweils darauf verteilen und alles mit etwas Ahornsirup übergießen. Sofort servieren.

VARIATION

Wenn Sie die Eier trennen, das Eiweiß zu Schnee schlagen und unter den Teig ziehen, werden die Waffeln noch luftiger.

Teamster's Diner in Fairfield, New Jersey

FRÜHSTÜCK

Blueberry Pancakes
PFANNKUCHEN MIT BLAUBEEREN

Ein richtiges amerikanisches Frühstück ist ohne Pancakes undenkbar. Allerdings sollten Sie dafür großen Hunger mitbringen, eine ganze Portion ist alleine fast nicht zu bewältigen.

Für 4 Personen
Zubereitungszeit: 35 Min.
Zeit zum Ruhen: 1 Std.

ZUTATEN

150 g Mehl
1 EL Zucker
1 TL Backpulver
1 Prise Salz
1 Prise geriebene Muskatnuß
3 EL Butter
100 ml Milch
125 ml Buttermilch
2 Eigelb
150 g frische Blaubeeren
Butter zum Ausbacken
1/8 l Ahornsirup

Mehl, Zucker, Backpulver, Salz und Muskatnuß in einer Schüssel vermischen. Die Butter in einer Pfanne zerlassen. Zusammen mit der Milch, der Buttermilch und den Eigelben in einer zweiten Schüssel kräftig verrühren.

Die Milchmischung langsam zur Mehlmasse geben und alles zu einem glatten Teig verrühren. Anschließend den Teig etwa 1 Stunde im Kühlschrank ruhen lassen.

Den Backofen auf 160 °C vorheizen. Die Blaubeeren unter fließend kaltem Wasser abspülen und abtropfen lassen. In einer großen Pfanne Butter erhitzen. Mit einer Schöpfkelle 3 Portionen Teig in die Pfanne geben und backen. Wenn der Teig oben trocken und die Unterseite goldbraun ist, die Pancakes wenden und auf der anderen Seite goldbraun backen.

Herausnehmen und auf ein Backblech legen. Die Blaubeeren auf den Pancakes verteilen und das Blech in den Backofen geben. Das Ganze etwa 8 Minuten backen. Jeweils 3 Pancakes übereinander gestapelt auf einem Teller anrichten und mit etwas Ahornsirup übergießen, heiß servieren.

Michelle Metcalf, Waitress in Wolfe's Diner in Dillsburg, Pennsylvania

FRÜHSTÜCK

Southern Cornbread

LOCKERES MAISBROT

Für 1 Brot
Zubereitungszeit: 30 Min.

ZUTATEN

175 g Maismehl
100 g Maisgrieß
75 g Weizenmehl
4 EL Backpulver
1/2 TL Salz
50 g Zucker
5 EL zerlassene Butter
1 großes Ei
300 ml Buttermilch
Butter für die Form

Frisch gebackenes Maisbrot ist eine Delikatesse, die ohne großen Aufwand hergestellt werden kann. Das goldgelbe Brot gelingt sicherlich auch ungeübten Bäckern.

Den Backofen auf 180 °C vorheizen. Das Maismehl in eine große Schüssel geben. Maisgrieß, Weizenmehl, Backpulver, Salz sowie Zucker hinzufügen und das Ganze gut vermischen.

Die zerlassene Butter mit dem Ei und der Buttermilch in einer weiteren Schüssel verquirlen. Anschließend die Flüssigkeit langsam unter das Mehl heben und alles zu einem glatten Teig verkneten.

Eine Kastenform mit Butter ausstreichen. Den Teig einfüllen und glattstreichen. Eine feuerfeste, mit heißem Wasser gefüllte Schale in den Backofen stellen. Die Form in den Backofen geben und das Brot in etwa 1 Stunde goldbraun backen.

Das fertige Brot herausnehmen, etwas abkühlen lassen, dann aus der Form stürzen, aufschneiden und warm servieren.

VARIATION

Sehr beliebt ist auch „Jalapeño Cornbread". Hierfür zusätzlich 200 g geriebenen Cheddar und 100 g feingehackte grüne oder rote Chilischoten unter den Teig mischen. Jalapeño ist der bekannteste mexikanische grüne Chili.

Die Schale mit Wasser im Ofen sorgt dafür, daß ausreichend Feuchtigkeit da ist, um das Brot schön aufgehen zu lassen.

Capitol Diner in Lynn, Massachusetts

DINER
SUPPEN & SALATE

Zur Mittagszeit haben viele Diner eine Kombination von Suppe und Salat oder Suppe und Sandwich im Angebot. Die Preise sind moderat. Ein leichtes Lunch kostet meist nicht mehr als ein paar Dollar. Von Klassikern wie Bohnensuppe bis hin zu Erdnußsuppe – heiße regionale Spezialitäten gibt es in jedem Diner. Salat, das heißt in den USA nicht immer grüner Salat. Oft sind dabei Kreationen wie Krautsalat (Coleslaw), Waldorfsalat und Caesar Salat gemeint, die mittlerweile auf der ganzen Welt bekannt sind.

*Garfield Diner,
Pennsylvania*

SUPPEN & SALATE

Caesar Salad
CAESAR-SALAT

Für 4 Personen
Zubereitungszeit: 30 Min.

ZUTATEN

2 Knoblauchzehen
1 Kopf Romana Salat (Römischer Salat, ersatzweise Eisbergsalat)
4–6 Sardellenfilets
100 g Parmesan
1 frisches Ei
8 EL kaltgepresstes Olivenöl
4 EL Zitronensaft
Salz und Pfeffer aus der Mühle
3 Scheiben Toastbrot oder Weißbrot
1 EL Butter

Dieser Klassiker unter den amerikanischen Salaten wurde 1924 von Caesar Cardini in seinem Restaurant in Tijuana, Mexiko kreiert. Er hatte auf der Stelle durchschlagenden Erfolg.

Den Knoblauch schälen und ganz fein hacken. Den Salat putzen, in Stücke zupfen, waschen und trockenschleudern. Die Sardellenfilets kurz abspülen, dann in kleine Stücke schneiden. Den Parmesan grob raspeln. Das Ei für 1 Minute in kochendes Wasser legen.

Den Knoblauch mit dem Olivenöl vermischen. Das Ganze kurz ziehen lassen. In einer Salatschüssel die Hälfte der Sardellenfilets zerdrücken, mit 3 Eßlöffel Öl und dem Zitronensaft gut vermischen. Mit Salz würzen. Den Salat zugeben und leicht in der Mischung wenden. Danach pfeffern und mit der Hälfte des Parmesan bestreuen. Anschließend das Ei vorsichtig über dem Salat auslaufen lassen, das Ganze mit dem restlichen mit Knoblauch versetzten Olivenöl übergießen und gut vermischen.

Die Brotscheiben toasten, noch heiß mit Butter bestreichen und in kleine Würfel schneiden. Den Salat auf 4 Tellern anrichten, mit dem restlichen Parmesan bestreuen und die Croûtons darauf verteilen.

DINER TIP

Den Salat vorsichtig salzen, da die Sardellenfilets bereits sehr salzig sind. Sie können die Sardellen auch vor der Verwendung für 10 Minuten in kaltes Wasser legen, und dann nochmals abspülen, um den Salzgehalt zu verringern.

Coleslaw
KRAUTSALAT

Für 4 Personen
Zubereitungszeit: 30 Min.

ZUTATEN

400 g Weißkraut (Weißkohl)
1 Karotte
50 ml milder Essig
1 EL Zucker, 1 EL Mehl
1 TL Senfpulver
1 TL Salz, 80 g Sahne
2 EL Butter
1 großes Ei

Dieser Krautsalat ist in ganz Amerika beliebt und verbreitet. Als Beilage wird er zu gebratenem Fleisch oder fritiertem Fisch gereicht. Man kann ihn auch mit Mayonnaise zubereiten.

Das Weißkraut putzen, waschen und in sehr feine Streifen schneiden. Die Karotte schälen und raspeln. Essig, Zucker, Mehl, Senfpulver und Salz unter Rühren aufkochen. Sahne und Butter unterziehen. Die Mischung vom Herd nehmen und das Ei unterrühren.

So lange rühren, bis die Masse beginnt, dick zu werden. Dann mit Weißkraut und Karotte vermengen. Den Salat vor dem Servieren 3 Stunden durchziehen lassen.

Waldorf Salad

WALDORF-SALAT

Für 4 Personen
Zubereitungszeit: 15 Min.
Kühlzeit: 1 Std.

ZUTATEN

8 säuerliche Äpfel
4 Stangen Staudensellerie oder
2 mittelgroße Knollensellerie
100 g Datteln
2 EL Sahne
100 g Walnußkerne
6 EL Zitronensaft
200 g Mayonnaise
50 g weiße Weintrauben
50 g Rosinen
Salz und Pfeffer aus der Mühle

Der Waldorf-Salat verdankt seinen Namen dem renommierten Waldorf-Astoria Hotel in New York. Dort wurde diese Spezialität 1893 von Oscar Tschirky, dem damaligen Maître d'Hôtel, erfunden, allerdings enthielt dessen Version noch keine Walnüsse.

Die Äpfel waschen, halbieren, vom Kerngehäuse befreien und mitsamt der Schale in Stifte hobeln. Den Staudensellerie putzen, waschen (Knollensellerie putzen und schälen) und ganz fein schneiden. Die Datteln entkernen und in feine Streifen schneiden. Die Sahne mit den Quirlhaken eines Handrührgeräts leicht aufschlagen. Die Walnußkerne grob hacken.

Alle Zutaten in eine Schüssel geben, gut miteinander vermischen und für etwa 1 Stunde kühl stellen. In kleinen Schüsseln anrichten und kalt servieren.

Five Star Diner an der Route 206 in Branchville, New Jersey

SUPPEN & SALATE

Egg Salad
EIER-SALAT

*Für 4 Personen
Zubereitungszeit: 30 Min.*

ZUTATEN

1 Kopf grüner Salat
1 Kopf Friséesalat
1 Kopf Eichblattsalat
1 Bund Rukolasalat
8 Eier
8 Kirschtomaten
2 Schalotten
1 EL Zitronensaft
1 TL Dijonsenf
2 EL Mayonnaise
2 EL Schnittlauchröllchen
Salz und Pfeffer aus der Mühle

Den wohl berühmtesten Eiersalat bekommt man im „Moodys Diner Restaurant" in North Nobelborrow, Maine. Dieser Eiersalat erhielt im Laufe der Jahre so viele Auszeichnungen, daß sie auf dieser Seite kaum Platz hätten.

Die Kopfsalate putzen, in einzelne Blätter teilen, gut waschen und trockenschleudern. Den Rukola waschen und den unteren Teil der Stiele entfernen. Die Eier hart kochen, dann abschrecken, schälen und vierteln. Die Kirschtomaten waschen und vierteln. Die Schalotten schälen und in feine Würfel schneiden.

Für das Dressing Zitronensaft, Schalotten, Dijonsenf, Mayonnaise und Schnittlauchröllchen in einer Schüssel mit einem Schneebesen gut miteinander vermischen. Mit Salz und Pfeffer würzen. Das Ganze etwas ziehen lassen. Dann die Eiviertel vorsichtig unterheben.

Die vorbereiteten Blattsalate dekorativ auf 4 Tellern anrichten. Jeweils Eiersalat daraufgeben. Zum Schluß mit Kirschtomaten garnieren.

DINER TIP

Wir haben Ihnen hier die leichte Eiersalat-Version vorgestellt. Natürlich können Sie nach Belieben mehr Mayonnaise verwenden.

Tumble Inn Diner in Claremont, New Hampshire

Tuna Salad
THUNFISCH-SALAT

*Für 4 Personen
Zubereitungszeit: 15 Min.
Zeit zum Durchziehen: 30 Min.*

ZUTATEN

2 Stangen Staudensellerie
1 Zwiebel
2 Kopf Eichblattsalat
4 hartgekochte Eier
400 g in Öl eingelegter Thunfisch
2 EL Zitronensaft
100 g Mayonnaise
evtl. Salz aus der Mühle

Thunfischsalat ist in ganz Amerika sehr beliebt. Die ersten Rezepte dafür finden sich in Kochbüchern zu Beginn des Jahrhunderts, ab 1902 wurde Thunfisch in Dosen verarbeitet.

Den Sellerie putzen, waschen und in etwa 1cm dicke Scheiben schneiden. Die Zwiebel schälen und in Scheiben schneiden. Den Salat putzen, zerteilen, waschen und abtropfen lassen.

Die Eier schälen und vierteln. Den Thunfisch abtropfen lassen, mit einer Gabel in kleine Stücke teilen und in eine Schüssel geben. Sellerie, Zwiebel, Zitronensaft und Mayonnaise hinzufügen. Das Ganze gründlich vermischen. Nach Belieben eventuell mit etwas Salz würzen. Etwa 30 Minuten im Kühlschrank durchziehen lassen.

Den Eichblattsalat dekorativ auf 4 Tellern auslegen. Jeweils 1 Portion Thunfischmayonnaise daraufsetzen. Mit Eivierteln garnieren.

VARIATION

Sie können alle Zutaten für die Thunfischmayonnaise auch zusammen im Mixer pürieren, dadurch wird der Salat noch cremiger. Fügen Sie jeweils 1 Teelöffel gehackte Petersilie und gehackten Dill hinzu. Reichen Sie eingelegte Gurken dazu.

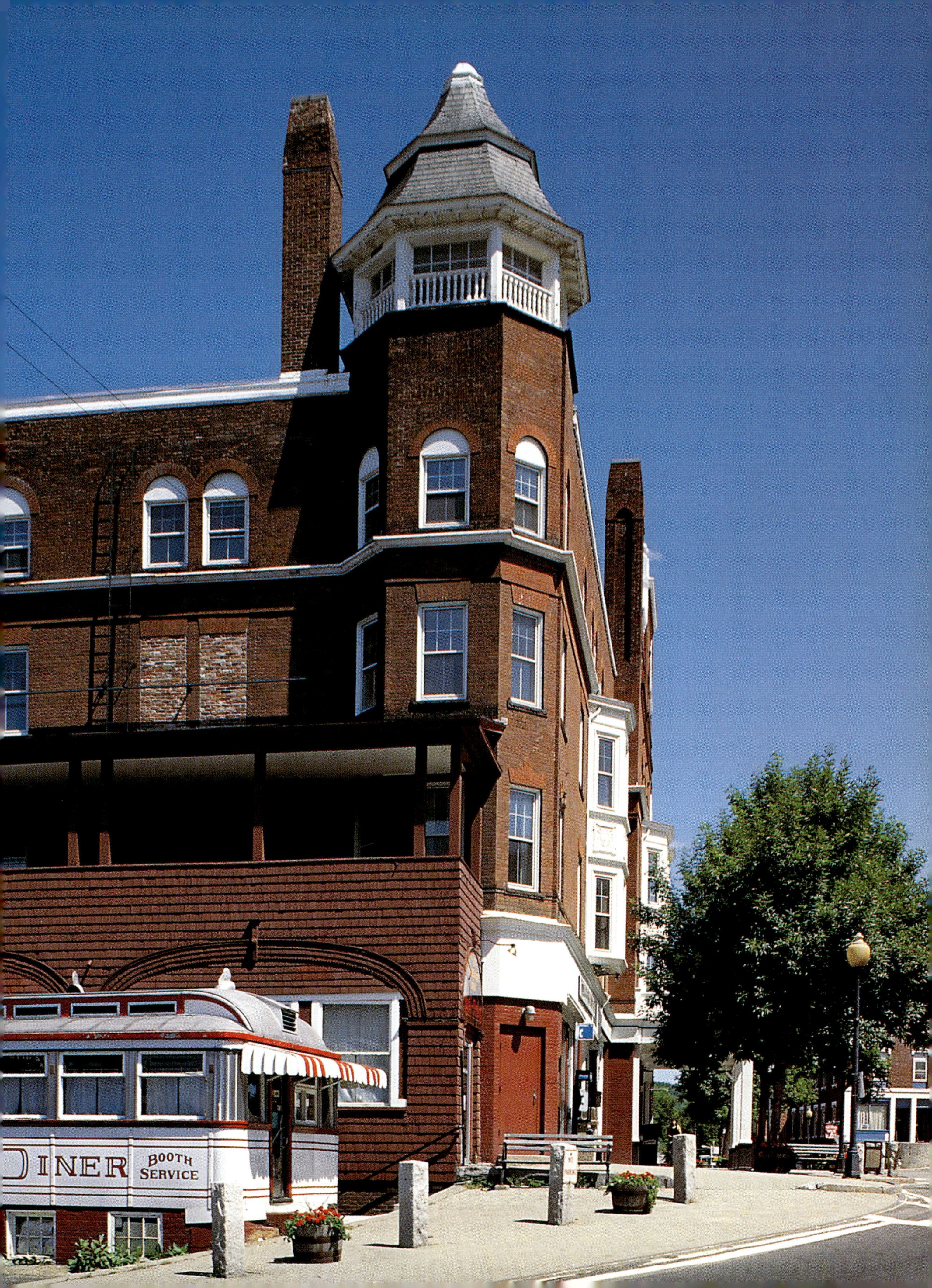
INER
BOOTH SERVICE

Pumpkin Soup

KÜRBISSUPPE

Kürbis gehört zu den ureigensten Kulturpflanzen Amerikas, die bereits von den Indianern zu Speisen verarbeitet wurde. Ein besonders köstliches Aroma entfaltet er, wenn er zusammen mit Zimt, Nelken, Muskatnuß und Ahornsirup im Ofen gegart wird.

Für 4 Personen
Zubereitungszeit: 25 Min.

ZUTATEN

750 g gewürfeltes Kürbisfleisch
3/4 l Geflügelbrühe
3 EL kalte Butter
Salz und Pfeffer aus der Mühle
2 EL Rohrzucker
1 TL gemahlener Ingwer
1 TL Zimtpulver
150 g gekochter Schinken
200 g Sahne

Das Kürbisfleisch zusammen mit der Geflügelbrühe in einem Topf zugedeckt bei mittlerer Hitze etwa 15 Minuten kochen lassen. Das Ganze durch ein feines Sieb passieren. Die kalte Butter zugeben und mit einem Pürierstab gut durchmixen. Mit Salz, Pfeffer, Zucker, Ingwer sowie Zimt abschmecken und nochmals kurz aufmixen.

Den Schinken in dünne Streifen schneiden. Vor dem Servieren die Schinkenstreifen zugeben und die Suppe erneut erhitzen. Den Topf vom Herd ziehen, die Sahne unterrühren und das Ganze servieren.

VARIATION

Wenn Sie gerne Ingwer essen, können Sie das Pulver durch 1/2 Teelöffel frisch geriebenen Ingwer ersetzen.

SUPPEN & SALATE

Pea Soup with Chorizo Sausages

ERBSENSUPPE MIT CHORIZOWÜRSTCHEN

Die Stadt Moscow in Idaho bildet das Zentrum der blühenden Hülsenfruchtindustrie Amerikas. Der Missionar Henry Spaulding begann 1836 mit dem kultivierten Anbau des nahrhaften Grundnahrungsmittels. Seine Erzeugnisse fanden bei den Goldgräbern reißenden Absatz, und auch heute noch lieben die Amerikaner Gerichte mit Hülsenfrüchten.

Für 4 Personen
Zubereitungszeit: 3 Std.

ZUTATEN
1 TL Öl
400 g Chorizo Würstchen (ersatzweise würzige Räucherwürste)
1 Zwiebel
2 EL Butter
3/4 l Rinderbrühe
1 TL getrockneter Thymian
1 geräucherte Schweinshaxe (ca. 400 g)
300 g Schalerbsen
250 g Sahne
Salz und Pfeffer aus der Mühle

Das Öl in einer Pfanne erhitzen. Die Chorizo Würstchen darin braten, dann in etwa 1 cm dicke Scheiben schneiden und beiseite stellen. Die Zwiebel schälen, fein würfeln und in der Butter glasig dünsten lassen.

In einen großen Topf, der etwa 4 Liter faßt, Brühe, Zwiebelwürfel mitsamt Butter, 1 Liter Wasser, Thymian, Schweinshaxe und die Erbsen geben. Das Ganze erhitzen und dann halb zugedeckt bei mittlerer Hitze etwa 2 1/2 Stunden köcheln lassen.

Anschließend die Schweinshaxe herausnehmen und etwas abkühlen lassen. Das Fleisch vom Knochen lösen und in Würfel schneiden. Die Fleischwürfel und die Chorizowürstchen in die Suppe geben und untermischen.

Die Sahne unterziehen und die Suppe bei milder Hitze 5 bis 10 Minuten unter gelegentlichem Rühren kochen lassen. Mit Salz und Pfeffer aus der Mühle würzen und heiß servieren.

DINER TIP
Dazu paßt frisches Maisbrot (Rezept s. S. 30) oder frisch getoastetes Weißbrot.

Klassische Ausstattung am Diner-Tresen

SUPPEN & SALATE

Peanut Soup

ERDNUSSUPPE

Die USA zählen zu den weltgrößten Erdnußproduzenten. Im Süden des Landes gibt es riesige Plantagen. Das bekannteste Erdnußprodukt dürfte die Erdnußcreme sein, die auch in unseren Breiten erhältlich ist.

Für 4 Personen
Zubereitungszeit:
1 Std. 10 Min.

ZUTATEN

1 große Zwiebel
2 Karotten
3/4 l kräftige Geflügelbrühe
4 EL Reis
100 g Erdnußcreme
1 TL Cayennepfeffer
Salz und Pfeffer aus der Mühle

Die Zwiebel schälen und in 4 Teile schneiden. Die Karotten schälen und längs vierteln. Die Geflügelbrühe zusammen mit der Zwiebel und den Karotten zugedeckt etwa 45 Minuten in einem Topf kochen lassen. Danach das Gemüse mit einem Schaumlöffel herausnehmen und mit einem Mixstab pürieren.

Das Püree zurück in den Topf geben und alles zusammen mit dem Reis zum Kochen bringen. Nach etwa 15 Minuten, wenn der Reis gar ist, die Erdnußcreme unterrühren. Die Suppe mit Cayennepfeffer, Salz und Pfeffer aus der Mühle würzen. Sehr heiß servieren.

DINER TIP

Ernußcreme erhalten Sie in gut sortierten Supermärkten. Sie wird aus gemahlenen Erdnüssen hergestellt, denen Pflanzenöl, Salz und Zucker beigegeben werden. Die Creme schmeckt übrigens auch als Brotaufstrich sehr lecker.

Cream of Avocado Soup

AVOCADOSUPPE

Avocados werden vor allem im sonnigen Kalifornien angebaut. Durch den Einfluß der mexikanischen Küche sind sie seit langem fester Bestandteil amerikanischer Speisen.

Für 4 Personen
Zubereitungszeit: 15 Min.
Kühlzeit: 4 Std.

ZUTATEN

8 vollreife Avocados
3 TL Zitronensaft
1/2 l heiße Geflügelbrühe
1/4 l trockener Weißwein
250 g Sahne
150 g Crème fraîche
Salz und Pfeffer aus der Mühle
1 Prise Zucker

Die Avocados schälen, jeweils längs halbieren, den Kern herauslösen und das Fruchtfleisch in Scheiben schneiden. Die Avocadoscheiben sofort mit dem Zitronensaft beträufeln, damit sie sich nicht braun verfärben.

In den Aufsatz eines Küchenmixers geben, Geflügelbrühe sowie Weißwein zufügen und das Ganze pürieren. Die Sahne und die Crème fraîche zugeben und alles aufmixen.

Zum Schluß mit Salz, Pfeffer und Zucker abschmecken. Die Suppe für etwa 4 Stunden kühl stellen. Dann servieren.

VARIATION

Garnieren Sie die Avocadosuppe mit frischer Pfefferminze oder mit Korianderblättchen.

Bean Soup

BOHNENSUPPE

Bohnen sind aus der Küche der Neu-England-Staaten nicht wegzudenken. Jeder Westernfilm-Liebhaber weiß, daß Bohnengerichte nahezu täglich auf dem Speiseplan der amerikanischen Cowboys und Siedler standen.

Für 4 Personen
Zubereitungszeit:
2 Std. 30 Min.
Einweichzeit: über Nacht

ZUTATEN

300 g weiße Bohnen
200 g gekochter Schinken
1 Zwiebel
1 Karotte
2 Stangen Staudensellerie
2 Kartoffeln
Salz aus der Mühle
4 Scheiben Weißbrot
1 Lorbeerblatt
1 TL gemahlene Nelken
Pfeffer aus der Mühle
2 EL Schnittlauchröllchen

Die Bohnen über Nacht in Wasser einweichen. Am nächsten Tag abgießen und abtropfen lassen. Den Schinken in kleine Würfel schneiden. Die Zwiebel schälen und fein hacken. Die Karotte ebenfalls schälen und würfeln. Den Sellerie putzen, waschen und kleinschneiden. Die Kartoffeln schälen, in Salzwasser weich kochen und durch eine Kartoffelpresse drücken. Die Weißbrotscheiben toasten und in Würfel schneiden.

Die eingeweichten Bohnen zusammen mit 1,5 Liter Wasser in einen großen Topf geben. Die Gewürze, die Zwiebel sowie die Schinkenwürfel zugeben und mit Salz und Pfeffer würzen. Das Ganze erhitzen, dann unter gelegentlichem Umrühren bei mittlerer Hitze zugedeckt etwa 2 Stunden kochen lassen. Wenn die Bohnen fast weich sind, Karotte sowie Sellerie zugeben und weiter köcheln lassen.

Zum Schluß das Kartoffelpüree unterheben und die Suppe mit Salz und Pfeffer herzhaft abschmecken. In 4 tiefe Teller geben und jede Portion mit Brotwürfeln und Schnittlauchröllchen bestreuen.

DINER TIP

Wer es herzhaft mag, kann den Schinken durch gepökeltes Schweinefleisch ersetzen.

White Manna HAMBURGERS

DINER
BURGER
& SANDWICHES

Ein Hamburger und „Fries" – das ist fraglos die typischste Diner-Mahlzeit, und nirgendwo schmeckt sie besser als am abgewetzten Resopal-Tresen mit Blick auf den Grill. Die Show des „Grillman", der häufig 20 Bestellungen gleichzeitig jongliert, ist dabei umsonst. Vom klassischen Rindfleisch-Burger gibt es zahlreiche Varianten, die nicht minder lecker sind, „Cheese Burger" oder „Fried Chicken Burger", zum Beispiel. Keine Diner-Speisekarte kommt ohne Sandwiches aus. „BLT" oder „Reuben" heißen die Klassiker – was sich dahinter verbirgt, erfahren Sie beim Ausprobieren der Rezepte.

SANDWICHES

White Manna Hamburgers in Hackensack, New Jersey

BURGER & SANDWICHES

Hamburger

KLASSISCHE HAMBURGER

Der Hamburger genießt seinen schlechten Ruf zu Unrecht. Wenn Sie einmal das Original probiert haben, das mit reinem Rinderhack zubereitet wird, wissen Sie warum.

Für 4 Personen
Zubereitungszeit: 25 Min.

ZUTATEN

600 g Rindfleisch aus der Schulter
Salz und Pfeffer aus der Mühle
2 Tomaten
1 Gewürzgurke
1 Zwiebel
4 Blätter Eisbergsalat
4 Hamburgerbrötchen (Fertigprodukt)
3 TL Senf
3 TL Ketchup
3 TL Mayonnaise

Den Grill im Backofen vorheizen. Das Rindfleisch waschen, mit einem scharfen Messer von etwaigen Sehnen befreien und in grobe Würfel schneiden. Die Würfel durch die mittelfeine Scheibe eines Fleischwolfs drehen (dieser Vorgang kann bereits beim Metzger erfolgen).

Das Hackfleisch mit Salz und Pfeffer würzen und daraus 4 flache Burger formen. Diese auf einen Gitterrost legen und unter dem Grill im Backofen auf jeder Seite etwa 4 Minuten braten, so daß das Fleisch innen noch leicht rosa ist.

In der Zwischenzeit die Tomaten waschen, vom Stielansatz befreien und in Scheiben schneiden. Die Essiggurke ebenfalls in Scheiben schneiden. Die Zwiebel schälen und in dünne Ringe schneiden. Die Salatblätter waschen und abtropfen lassen.

Kurz vor Ende der Garzeit für das Fleisch die Burgerbrötchen halbieren und im Backofen mit der Innenseite nach unten toasten. Die unteren Brötchenhälften auf einer Arbeitsfläche auslegen und jeweils mit einem Salatblatt belegen. Danach die gegrillten Burger aufsetzen und diese jeweils mit Tomaten-, Gurkenscheiben und Zwiebelringen garnieren. Zum Schluß mit Senf, Ketchup sowie Mayonnaise bestreichen. Jeweils den Brötchendeckel aufsetzen und die Hamburger umgehend servieren.

DINER TIP

In jedem Diner werden Burger zusammen mit Pommes frites serviert. In manchen bekommen Sie dazu noch Krautsalat und sauer eingelegtes Gemüse.

VARIATION

Die Menge an Senf, Ketchup und Mayonnaise hängt ganz von Ihrem persönlichen Geschmack ab. Sie können die Zutaten auch verrühren, etwas Worcestershiresauce zufügen, und die Sauce zwischen den einzelnen Schichten des Burgers verteilen.

Historic Village Diner in Red Hook, New York

Cheese Burger

HAMBURGER MIT KÄSE

Der Cheese Burger wird im Vergleich zum klassischen Hamburger mit Käse ergänzt. Er wurde erstmals zur Weltausstellung 1904 in St. Louis serviert. Das wichtigste am Hamburger ist die Fleischqualität, er darf höchstens 20 Prozent Fettanteil besitzen.

Für 4 Personen
Zubereitungszeit: 25 Min.

ZUTATEN

600 g Rindfleisch aus der Schulter
100 g Blauschimmelkäse
Salz und Pfeffer aus der Mühle
1 Tomate
1 Gewürzgurke
1 Zwiebel
4 Blätter Eisbergsalat
4 Burgerbrötchen
3 TL Ketchup
4 Scheiben Schmelzkäse

Den Grill im Backofen vorheizen. Das Rindfleisch waschen, mit einem scharfen Messer von etwaigen Sehnen befreien und in grobe Würfel schneiden. Die Würfel durch die mittelfeine Scheibe eines Fleischwolfs drehen (dieser Vorgang kann bereits beim Metzger erfolgen).

Den Schimmelkäse zerbröckeln. Das Hackfleisch mit Salz und Pfeffer würzen und zu 4 flachen Burgern formen. Dabei in der Mitte die Käsestücke einarbeiten. Die Burger auf ein Gitterrost legen und unter dem Grill im Backofen etwa 3 Minuten auf jeder Seite braten lassen.

Inzwischen die Tomate waschen, vom Stielansatz befreien und in Scheiben schneiden. Die Gurke ebenfalls in dünne Scheiben schneiden. Die Zwiebel schälen und in dünne Ringe schneiden. Die Salatblätter waschen und abtropfen lassen.

Kurz vor Ende der Garzeit für das Fleisch die Burgerbrötchen halbieren und im Backofen mit der Innenseite nach unten toasten. Die unteren Brötchenhälften auf einer Arbeitsfläche auslegen und jeweils mit einem Salatblatt belegen. Danach die gegrillten Burger aufsetzen und diesen jeweils mit Tomaten-, Gurkenscheiben und Zwiebelringen garnieren. Jeweils etwas Ketchup auftragen und 1 Scheibe Schmelzkäse darauflegen. Die Brötchendeckel aufsetzen und die Burger kurz in den Backofen geben, bis der Käse vollständig geschmolzen ist.

VARIATION

Sie können den Cheeseburger zusätzlich mit gebratenen Speckscheiben oder mit Chiliringen belegen.

BURGER & SANDWICHES

Sonoma Burger

HAMBURGER NACH SONOMA-ART

Diese Hamburgervariante stammt aus dem kalifornischen Sonoma. Das Städtchen ist berühmt ist für sein erstklassiges Lammfleisch und seine aromatischen Tomaten.

Für 4 Personen
Zubereitungszeit: 25 Min.

ZUTATEN

600 g Lammfleisch aus der Keule
1 Zwiebel
1 Knoblauchzehe
1 Tomate
1 kleiner Kopf Radicchiosalat
1 Bund Brunnenkresse
125 ml Balsamicoessig
1 EL geröstete Pinienkerne
Salz und Pfeffer aus der Mühle
4 Burgerbrötchen

Den Grill im Backofen vorheizen. Das Lammfleisch waschen, mit einem scharfen Messer von etwaigen Sehnen sowie überflüssigem Fett befreien und in grobe Würfel schneiden. Die Würfel durch die mittelfeine Scheibe eines Fleischwolfs drehen (dieser Vorgang kann bereits beim Metzger erfolgen).

Die Zwiebel und den Knoblauch schälen und fein hacken. Die Tomate kurz in kochendem Wasser blanchieren, vom Stielansatz befreien, enthäuten, entkernen und das Fruchtfleisch in kleine Würfel schneiden. Den Radicchio putzen, waschen, abtropfen lassen und in kleine Stücke zerpflücken. Die Brunnenkresse waschen und die kleinen Blätter von den Stielen zupfen. Den Balsamicoessig in einem Topf bei mittlerer Hitze auf 2 Eßlöffel einkochen lassen.

Das Lammhackfleisch mit den Tomatenwürfeln, gehackten Zwiebeln und Knoblauch vermischen. Die Pinienkerne untermengen und mit Salz und Pfeffer würzen. Die Masse zu 4 flachen Burgern formen, auf ein Blech legen und in den Backofen geben.

Auf jeder Seite etwa 5 Minuten braten lassen. Dazwischen die Burger immer wieder mit etwas Balsamicoessig bepinseln (bis auf einen kleinen Rest verbrauchen).

Kurz vor Ende der Garzeit die Brötchen halbieren und mit der Innenseite nach unten im Backofen toasten. Die Brötchenunterseite auf einer Arbeitsfläche ausbreiten und mit der Hälfte der Radicchioblätter belegen. Die Burger in die Mitte setzen und mit dem restlichen Radicchio und der Brunnenkresse garnieren. Mit dem übrigen Balsamicoessig den Salat beträufeln und jeweils den Burgerdeckel aufsetzen. Sofort servieren.

VARIATION

Bereiten Sie einen Burger einmal fleischlos zu. 250 g Pilze, 2 Tomaten, 150 g Zuckerschoten und 100 g Blattspinat in Butter dünsten. Die Masse auf 4 gerösteten Baguettehälften verteilen, alles mit Mozzarellascheiben belegen und im Ofen überbacken.

Der Tresen in Max's Grill in Harrison, New Jersey

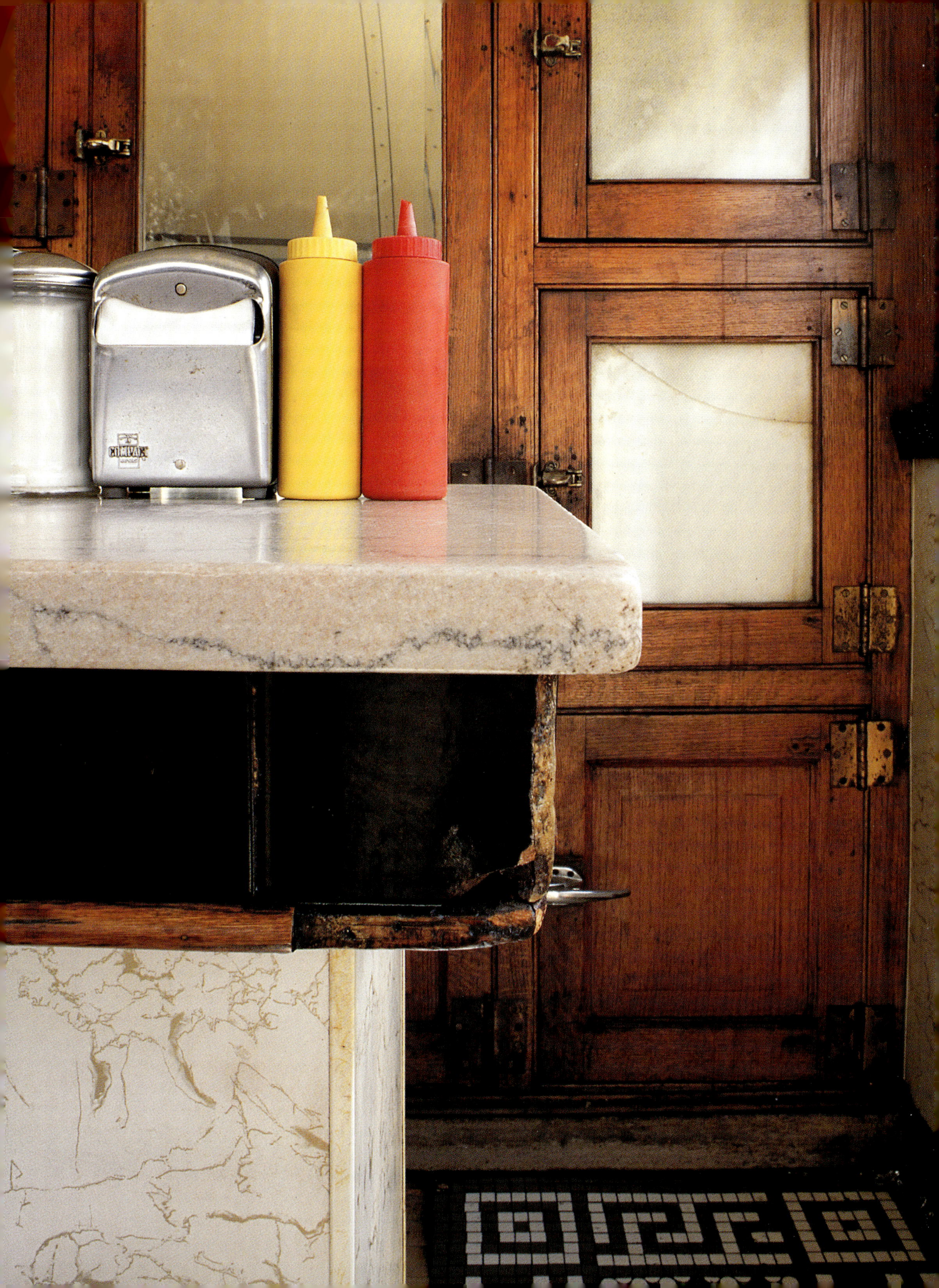

Turkey Burger

TRUTHAHNBURGER

Der Truthahn gehört zu Amerika wie die Cowboys und Indianer. Schon vor 100 Jahren schrieb Abraham Lincoln, daß kein Amerikaner je auf seinen Truthahn verzichten müsse.

Für 4 Personen
Zubereitungszeit: 25 Min.

ZUTATEN

Für die Sauce:
50 g Zucker
5 EL trockener Rotwein
1/2 TL Zimtpulver
150 g frische Preiselbeeren
Salz und Pfeffer aus der Mühle

Für die Burger:
600 g Putenfleisch
1 Knoblauchzehe
2 EL geriebener Parmesan
1 TL getrockneter Oregano
4 Burgerbrötchen

Für die Sauce Zucker, Rotwein und Zimt in einen Topf geben und bei mittlerer Hitze köcheln lassen. Sobald sich der Zucker aufgelöst hat, die Preiselbeeren dazugeben. Sobald die Beeren aufgeplatzt sind, mit etwas Salz und Pfeffer abschmecken. Das Ganze weiter köcheln lassen, bis die Sauce eingedickt ist. Abkühlen lassen.

Den Grill im Backofen vorheizen. Das Putenfleisch waschen und durch einen Fleischwolf drehen. Den Knoblauch schälen und fein hacken.

Das Hackfleisch mit dem Knoblauch, dem Parmesankäse und dem Oregano in einer Schüssel vermischen. Alles mit Salz und Pfeffer würzen und zu 4 flachen Burgern formen.

Die Truthahnburger auf einem Gitterrost unter dem Grill im Backofen auf jeder Seite etwa 6 Minuten braten, bis das Fleisch durch ist. Kurz vor Ende der Garzeit die Brötchen halbieren und mit der Innenseite nach unten im Backofen toasten. Anschließend den Truthahnburger jeweils daraufsetzen. Jeweils den Brötchendeckel auflegen. Das Ganze nochmals kurz in den Backofen geben. Mit Sauce überziehen.

DINER TIP

Die Preiselbeersauce paßt auch zu anderem Kurzgebratenem aus Geflügelfleisch.

Hamburger auf dem Grill

BURGER & SANDWICHES

Chicago Beer Burger

CHICAGO-BURGER

Was bietet sich in der Bierstadt Chigaco mehr an, als ein Hamburger mit Biergeschmack. Wobei es hier – je nach persönlichem Geschmack – natürlich verschiedene Biersorten zum Marinieren des Hamburgers gibt.

Für 4 Personen
Zubereitungszeit: 25 Min.

ZUTATEN

600 g Rindfleisch aus der Schulter
3 EL Bier
1 TL Tabasco
1/2 TL Worcestershiresauce
Salz und Pfeffer aus der Mühle
1 Tomate
1 Gewürzgurke
1 Zwiebel
4 Blätter Eisbergsalat
4 Burgerbrötchen
3 TL Ketchup

Den Grill im Backofen vorheizen. Das Rindfleisch waschen, mit einem scharfen Messer von etwaigen Sehnen befreien und in grobe Würfel schneiden. Die Würfel durch die mittelfeine Scheibe eines Fleischwolfs drehen (dieser Vorgang kann bereits beim Metzger erfolgen).

Das Hackfleisch in einer Schüssel mit 1 Eßlöffel Bier, Tabasco und Worcestershiresauce vermischen. Mit Salz und Pfeffer würzen. Die Masse zu 4 flachen Burgern formen und auf einem Blech unter den Grill im Backofen geben. Auf jeder Seite etwa 4 Minuten braten, dabei beide Seiten mit dem restlichen Bier bepinseln.

Inzwischen die Tomate waschen, vom Stielansatz befreien und das Fruchtfleisch in Scheiben schneiden. Die Gewürzgurke ebenfalls in dünne Scheiben schneiden. Die Zwiebel schälen und in Ringe schneiden. Die Salatblätter waschen und abtropfen lassen.

Kurz vor Ende der Garzeit die Brötchen halbieren und mit der Innenseite nach unten im Backofen toasten. Die unteren Brötchenhälften auf einer Arbeitsfläche auslegen und mit den Salatblättern belegen. Die Burger darauf setzen, mit den Tomaten-, Gurkenscheiben und Zwiebelringen garnieren. Zum Schluß mit Ketchup bestreichen und jeweils mit dem Brötchendeckel zudecken.

BURGER & SANDWICHES

Fried Chicken Burger

HÄHNCHENBURGER

Die beiden „Stars" unter den Geflügelsorten sind ohne Zweifel Hähnchen und Truthahn. Das originale „Southern Fried Chicken" wird in Milch eingelegt, dann rundherum mit Mehl bestäubt, in heißem Öl frittiert und im Backofen zu Ende gegart.

Für 4 Personen
Zubereitungszeit: 35 Min.

ZUTATEN

Für die Burger:
4 Hähnchenbrustfilets à 150 g
1 Knoblauchzehe
1 Tomate
4 Blätter Eisbergsalat
1 Ei
2 EL Buttermilch
175 g Semmelbrösel
Salz und Pfeffer aus der Mühle
2 EL Butter
4 Burgerbrötchen

Für die Sauce:
175 g Mayonnaise
6 EL Dijonsenf
3 EL Honig

Den Backofen auf 200 °C vorheizen. Die Hähnchenbrustfilets waschen und trockentupfen. Den Knoblauch schälen und fein hacken. Die Tomate über Kreuz einritzen, kochend heiß überbrühen, vom Stielansatz befreien, enthäuten und das Fruchtfleisch in kleine Würfel schneiden. Die Salatblätter waschen und abtropfen lassen.

Das Ei in eine Schüssel aufschlagen und mit der Buttermilch und dem Knoblauch gut verquirlen. Die Semmelbrösel in einen tiefen Teller geben. Die Hähnchenbrustfilets salzen, pfeffern und durch die Eiermischung ziehen. Anschließend in den Semmelbröseln wenden und die Panade gut andrücken.

Die Butter in einer Pfanne erhitzen und die Hähnchenbrustfilets darin auf beiden Seiten kräftig anbraten. Dann in den Backofen geben und etwa 12 Minuten garen.

Inzwischen für die Sauce die Mayonnaise mit dem Senf und dem Honig gut vermischen, mit Salz und Pfeffer abschmecken und kühl stellen. Kurz vor Ende der Garzeit für das Fleisch die Brötchen halbieren und mit der Schnittfläche nach unten toasten.

Die Brötchenunterteile auf einer Arbeitsfläche auslegen und jeweils mit Sauce bestreichen. Anschließend mit den Salatblättern belegen, die Hähnchenbrustfilets in die Mitte setzen und mit Tomatenwürfeln bestreuen. Zum Schluß noch etwas Sauce darüber verteilen und jeden Burger mit einem Brotdeckel versehen. Sofort servieren.

VARIATION

Sie können die Hähnchenbrustfilets vor dem Panieren mit verschiedenen Kräutern würzen, zum Beispiel mit frischem Koriander und Petersilie. Die Kräuter einfach unter die Eiermilch rühren.

Route 66 Diner in Springfield, Massachusetts

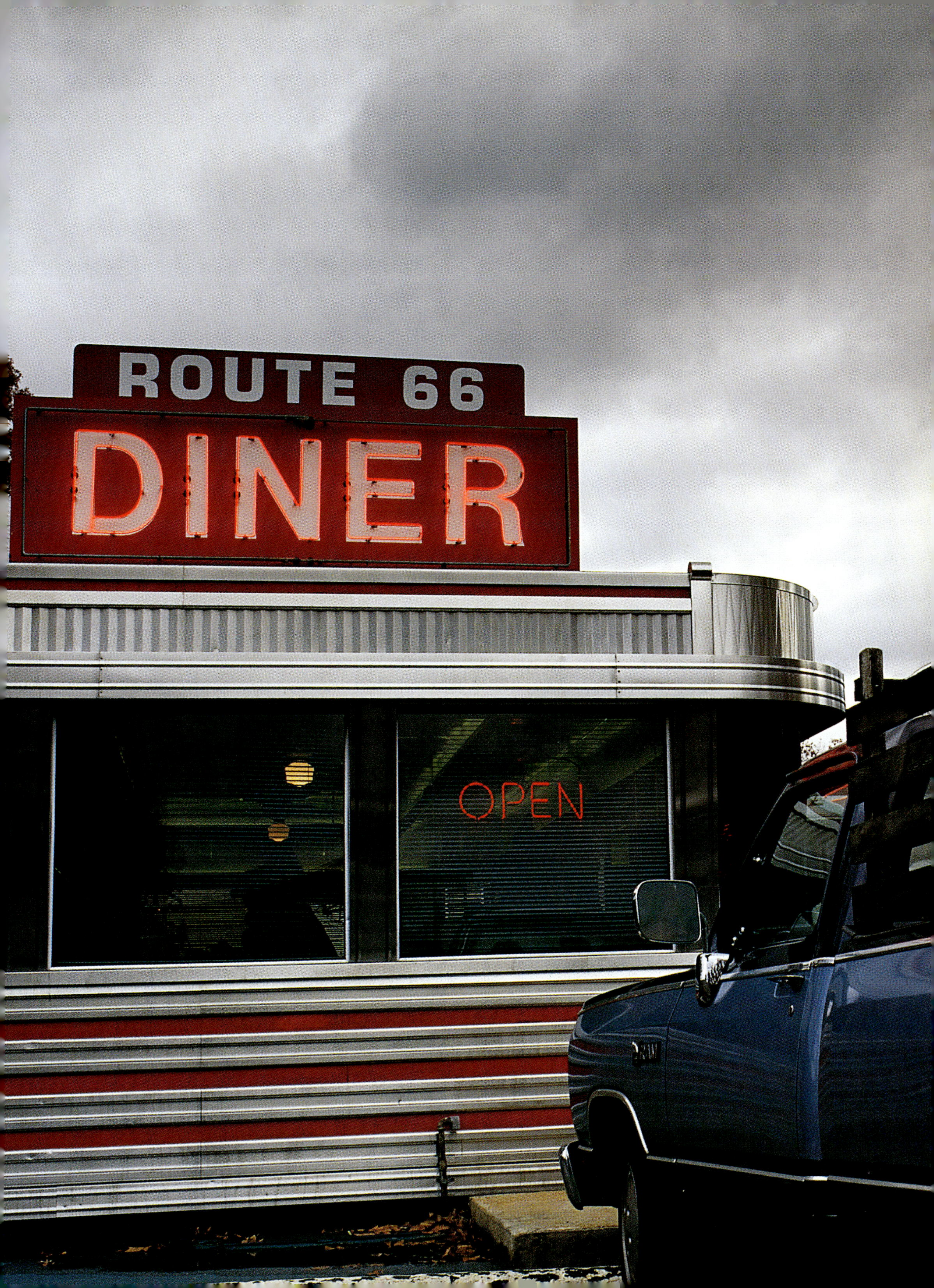
ROUTE 66
DINER
OPEN

BURGER & SANDWICHES

Reuben Sandwich
REUBEN SANDWICH

Insider behaupten, dieses Sandwich wäre von Reuben Kulakofsky, dem Inhaber des „Central Market" in Omaha, Nebraska, kreiert worden. Andere Historiker schreiben die Erfindung Arnold Reuben zu, der 1928 ein Delicatessen-Shop in New Yorks 58. Straße eröffnete.

Den Backofen auf 200 °C vorheizen. Alle Dressingzutaten in eine Schüssel geben, gut miteinander vermischen, beiseite stellen. Das Corned Beef in dünne Streifen schneiden und das Sauerkraut in einem Küchentuch gut auspressen.

4 Brotscheiben mit Butter bestreichen und jeweils mit Corned Beef, Sauerkraut und Käse belegen. Den Belag mit Salz und Pfeffer würzen und mit dem Dressing beträufeln. Zum Schluß die restlichen Brotscheiben auflegen und die Außenseite mit der übrigen Butter bestreichen.

Die Sandwiches auf ein Backblech legen, mit Alufolie abdecken und im Ofen etwa 10 Minuten backen. Sobald der Käse geschmolzen und der Brotrand knusprig ist, sofort servieren.

Für 4 Personen
Zubereitungszeit: 20 Min.

ZUTATEN
Für das Dressing:
3 EL Zwiebelwürfel
100 g Mayonnaise
1 EL geriebener Meerrettich
1/2 TL Worcestershiresauce
1 Spritzer Tabasco
3 EL Tomatenketchup

Außerdem:
350 g Cornedbeef aus der Dose
400 g Sauerkraut
8 Scheiben Roggenbrot oder Pumpernickel
2 EL Butter
4 Scheiben Emmentaler
Salz und Pfeffer aus der Mühle
/

VARIATION
Sie können für das Dressing auch folgende Zutaten verrühren: 100 g Mayonnaise, 1 Teelöffel Chilisauce, 50 g Crème fraîche, 1 Teelöffel Nelkenpulver, 1 Teelöffel gehackte Schalotten, 1 Teelöffel grüne Pfefferkörner und 2 kleingehackte, hartgekochte Eier. Dieses Dressing stammt aus einem amerikanischen Kochbuch aus den siebziger Jahren.

DINER TIP
Verwenden Sie für das Reuben Sandwich möglichst frisches Sauerkraut, keines aus der Dose.

Am Tresen im Freehold Grille, New Jersey

BLT Sandwich

SPECK-SALAT-TOMATENSANDWICH

Sandwiches sind in den USA das übliche Mittagessen. In manchen Diners gibt es zur Lunchzeit gar nichts anderes auf der Karte. Der BLT hat sich in den letzten Jahren zu einem wahren Renner entwickelt. Die Abkürzung steht für „Bacon, Lettuce and Tomato".

Für 4 Personen
Zubereitungszeit: 35 Min.

ZUTATEN

- 12 Scheiben Frühstücksspeck
- 8 Scheiben Toast
- 3 TL Butter
- 4 TL Mayonnaise
- 2 große reife Tomaten
- 1/2 Kopf Eisbergsalat

Den Frühstücksspeck in einer Pfanne ohne Fettzugabe knusprig braten. Auf Küchenkrepp abtropfen lassen. Die Brotscheiben toasten, eine Hälfte davon mit Butter bestreichen, die andere mit Mayonnaise.

Die Tomaten waschen, vom Stielansatz befreien und in Scheiben schneiden. Den Salat putzen, in mundgerechte Stücke teilen, waschen und trockenschleudern.

Die mit Butter bestrichenen Toastscheiben auf einer Arbeitsfläche auslegen und zuerst mit Speck belegen. Darauf die Tomatenscheiben und die Salatblätter verteilen. Jeweils mit den mit Mayonnaise bestrichenen Toasts bedecken. Die Sandwiches diagonal halbieren.

DINER TIP

Wenn Sie die BLT-Sandwiches nicht sofort servieren, wickeln Sie jeweils 2 Dreiecke fest in Klarsichtfolie, dann können die Sandwiches noch etwas durchziehen.

BURGER & SANDWICHES

Hot Pastrami Sandwich

WARMES RINDERSCHINKEN-SANDWICH

Als Erfinder des Sandwich gilt der Earl of Sandwich, John Montagu. Dieser ließ sich während seines Kartenspiels belegte Brote an den Spieltisch bringen, um das Spiel nicht unterbrechen zu müssen.

Für 4 Personen
Zubereitungszeit: 20 Min.

ZUTATEN

2 Baguettes à ca. 40 cm Länge
3 EL Butter
4 TL Mayonnaise
400 g Pastrami (Rinderschinken)
4 Tomaten
8 Scheiben Emmtaler
Salz und Pfeffer aus der Mühle

Den Backofen auf 200 ° C vorheizen. Die Baguettes vierteln, die Viertel waagrecht halbieren (nicht ganz durchschneiden, so daß die Hälften noch zusammenhängen) und auseinander klappen. Die Innenseiten dünn mit Butter und Mayonnaise bestreichen.

Den Pastrami in hauchdünne Scheiben aufschneiden und damit die Baguettes belegen. Die Tomaten waschen, vom Stielansatz befreien und das Fruchtfleisch in dünne Scheiben schneiden. Diese auf dem Schinken verteilen. Danach mit dem Käse zudecken und mit Salz und Pfeffer würzen.

Die Baguettehälften zusammenklappen. Jedes Sandwich in Alufolie einwickeln. Alles im Backofen etwa 10 Minuten backen, bis der Käse geschmolzen ist. Heiß servieren.

DINER TIP

Pastrami wird entweder aus einem Rindfleischbruststück oder aus Rinderzunge hergestellt. Dafür wird das Fleisch in einer Rotwein-Essig-Mischung mariniert und dann 8 Stunden heiß geräuchert. In unseren Breiten wird Pastrami langsam populär und kann bei den meisten Metzgereien bestellt werden.

VARIATION

Anstelle von Pastrami können Sie auch Corned Beef oder Roastbeef nehmen.

Air Line Diner, am La Guardia Airport in Queens, New York

WYOMING

AIR LINE
DINER
PARKING

Western Sandwich

WESTERN SANDWICH

Dieses Sandwich stammt angeblich aus den Pionierzeiten der USA, als die große Westwärtsbewegung einsetzte. In manchen Gegenden steht es als „Denver Sandwich" auf der Speisekarte.

Für 6 Personen
Zubereitungszeit: 20 Min.

ZUTATEN

200 g gekochter Schinken
1 Schalotte
6 frische Eier
150 ml Milch
1 TL grüne Pfefferkörner
1 TL edelsüßes Paprikapulver
1/2 TL Salz
1 Prise Cayennepfeffer
12 Toastbrotscheiben
2 EL Butter

Den Schinken in kleine Würfel schneiden. Die Schalotte schälen und fein hacken. Die Eier in einem hohen Rührgefäß mit der Milch verquirlen. Dann die Gewürze, Schinken- und Schalottenwürfel untermischen.

Die Toastbrote toasten und noch heiß jeweils mit etwas Butter bestreichen. Restliche Butter in einer großen Pfanne erhitzen. Die Eiermischung hineingießen und etwa 2 Minuten anbraten, bis die Unterseite leicht fest ist.

Die Eiermasse in 6 gleich große Portionen teilen, diese umdrehen und noch etwa 1 Minute braten. Anschließend sofort jeweils 1 Portion auf einen Toast legen, mit einer zweiten Toastscheibe bedecken, diagonal halbieren und servieren.

DINER TIP

Bei diesem Rezept spielt das richtige „Timing" eine große Rolle. Die Toasts sollten noch heiß sein, wenn Sie mit der Eiermasse belegt werden. Sie können sie auch im Backofen warm halten, wenn Sie nur einen haushaltsüblichen Toaster besitzen, der maximal 4 Toasts faßt.

BURGER & SANDWICHES

Club Sandwich

TRUTHAHN-SANDWICH

Ursprünglich entstand dieses Rezept in exklusiven Landclubs, das Sandwich wurde aber auch in den Clubwaggons von Passagierzügen gereicht. Heute ist dieses Rezept in verschiedenen Abwandlungen in ganz Amerika vertreten.

Für 4 Personen
Zubereitungszeit: 35 Min.

ZUTATEN

3 Truthahnbrustfilets
Salz und Pfeffer aus der Mühle
4 EL Butter
12 Toastbrotscheiben
4 Tomaten
8 Blätter Eisbergsalat
8 Scheiben Frühstücksspeck
6 EL Mayonnaise

Den Backofen auf 200 °C vorheizen. Die Truthahnbrustfilets kalt abspülen, trockentupfen, salzen und pfeffern. Etwas Butter in einer Pfanne erhitzen und die Truthahnbrüste darin von beiden Seiten kräftig anbraten. Dann in den Ofen geben und etwa 10 Minuten garen. Das Fleisch herausnehmen, abkühlen lassen und in nicht zu dünne Scheiben schneiden.

Während das Fleisch im Ofen gart, die Toastbrotscheiben goldbraun toasten. 4 Scheiben auf beiden Seiten mit Butter bestreichen, die übrigen einseitig. Die Tomaten waschen, vom Stielansatz befreien und das Fruchtfleisch in Scheiben schneiden. Die Salatblätter waschen und abtropfen lassen. Den Frühstücksspeck in einer Pfanne ohne Fettzugabe knusprig braten, auf Küchenkrepp abtropfen und erkalten lassen.

Die einseitig mit Butter bestrichenen Toasts auf einer Arbeitsfläche auslegen, mit Mayonnaise bestreichen und mit Salatblättern belegen. Darauf die Truthahnbrustscheiben geben. Die 4 doppelseitig gebutterten Brotscheiben auf jeder Seite mit Mayonnaise bestreichen und jeweils 1 darauf setzen. Darüber nochmals Salatblätter geben und die Tomatenscheiben darauf verteilen. Mit Salz und Pfeffer würzen und mit Frühstücksspeck bedecken.

Mit den restlichen 4 Toastscheiben abschließen, jedes Sandwich leicht zusammendrücken und mit einem Zahnstocher fixieren. Vor dem Servieren alle Sandwiches diagonal zu Dreiecken schneiden.

VARIATION

Sie können die Truthahnbrustfilets auch durch Poulardenbrustfilets ersetzen.

Air Line Diner,
am La Guardia Airport
in Queens, New York

NO SASSING YOUR WAITRESS.

BURGER & SANDWICHES

Fried Cheese Sandwich

GEBRATENES KÄSE-SANDWICH

Ein berühmtes Rezept aus den zwanziger Jahren enthält gebratenen Speck und trägt den klangvollen Namen „Cheese Dreams". Das moderne Käsesandwich ist etwas leichter und schmeckt dennoch wunderbar.

Für 4 Personen
Zubereitungszeit: 20 Min.

ZUTATEN

2 Tomaten
125 g Monterey Jack (ersatzweise Gouda)
125 g Cheddar
8 EL Butter
8 Scheiben Toast
1 EL Senf

Die Tomaten waschen, jeweils den Stielansatz herausschneiden, das Fruchtfleisch entkernen und vierteln. Den Käse mit Hilfe einer Käsereibe grob raspeln. Die Butter in einer großen Pfanne bei mittlerer Hitze erhitzen. 4 Toastscheiben mit Senf bestreichen, mit Käse bestreuen und mit Tomatenscheiben belegen. Die restlichen Toastscheiben jeweils auflegen.

Die Toastscheiben zusammendrücken und die Sandwiches in die heiße Butter geben. Die Sandwiches so lange von beiden Seiten (vorsichtig wenden) braten, bis der Käse geschmolzen und das Brot schön knusprig ist. Während des Bratens die Sandwiches mit einem Bratenheber mehrmals flachdrücken, denn je flacher das Sandwich ist, desto besser schmeckt es.

VARIATION

Sie können die Sandwiches auch im Grilleisen zubereiten. Verstreichen Sie die Butter dann auf allen Toastscheiben, bevor Sie sie belegen und zusammensetzen.

White Manna Hamburgers in Hackensack, New Jersey

Tuna Sandwich

THUNFISCH-SANDWICH

Für 4 Personen
Zubereitungszeit: 20 Min.

ZUTATEN

1 Stange Sellerie
2 Knoblauchzehen
125 g Cheddar
400 g gekochtes, weißes Thunfischfleisch (ersatzweise Thunfisch aus der Dose)
2 EL grüne, süße Mixed Pickles
1 EL Zitronensaft
125 g Mayonnaise
Salz und Pfeffer aus der Mühle
2 EL Butter
4 Scheiben Graubrot

In den USA nennt man diese Spezialität „Tuna Melt", was übersetzt etwa „Geschmolzener Thunfisch" heißt. Die Thunfischmayonnaise schmeckt natürlich auch kalt sehr gut.

Die Selleriestange waschen, putzen und fein würfeln. Die Knoblauchzehen schälen und fein hacken. Den Cheddar auf einer Käsereibe fein reiben. Den Grill auf mittlere Temperatur vorheizen.

In einer Schüssel Thunfischfleisch, Knoblauch, Sellerie, Mixed Pickles, Zitronensaft sowie Mayonnaise gut vermischen und mit Salz und Pfeffer abschmecken. In einer großen Pfanne die Butter heiß werden lassen und die Graubrotscheiben darin so lange braten, bis sie schön knusprig sind.

Die Brotscheiben mit der Thunfischmasse bestreichen und mit dem Cheddar überstreuen. Das Ganze unter dem Grill so lange erhitzen, bis der Käse geschmolzen ist. Die Sandwiches heiß servieren.

DINER TIP

Garnieren Sie das Thunfischsandwich mit Eivierteln und reichen Sie Krautsalat (Rezept s. S. 34) dazu.

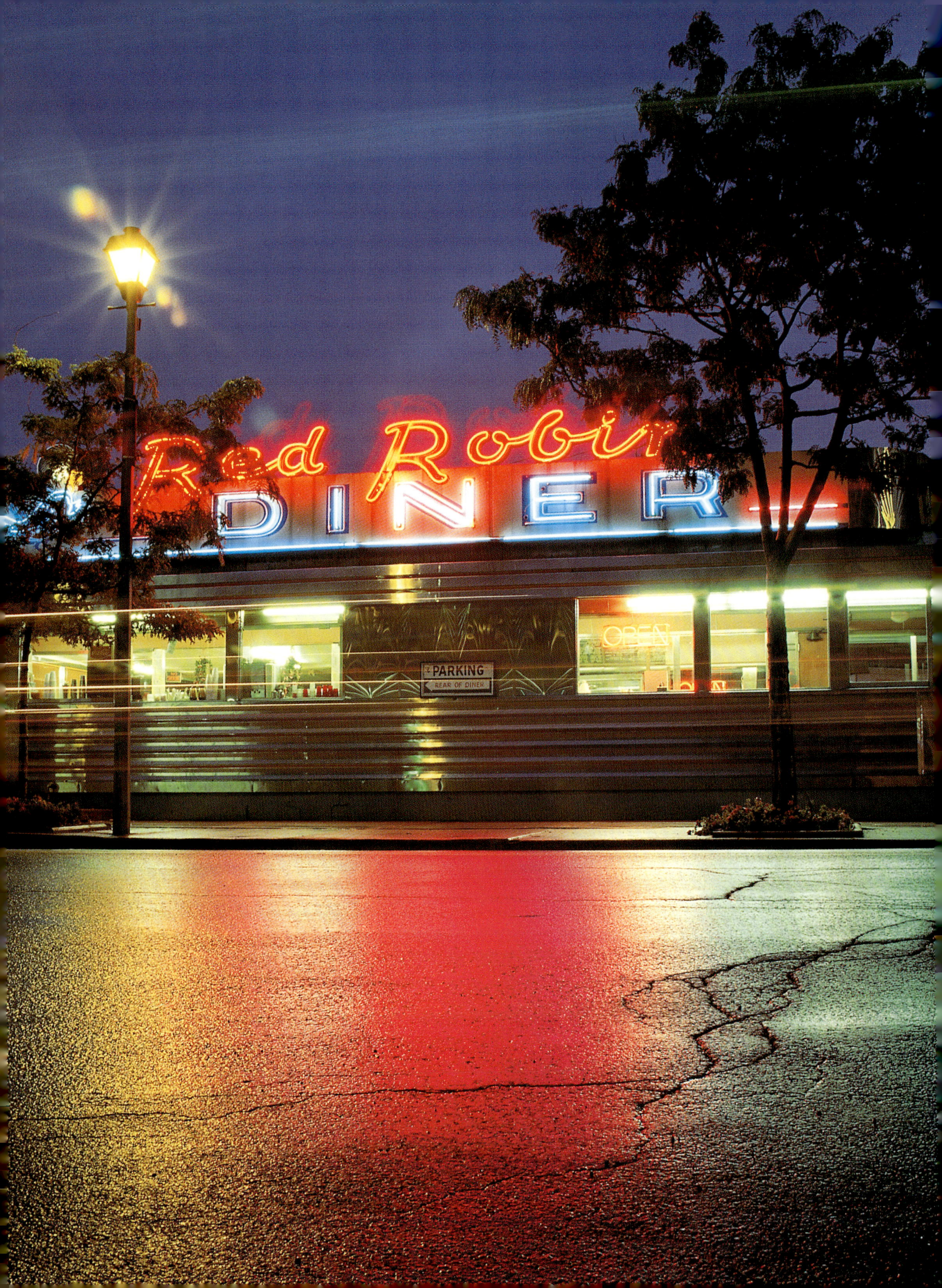
Red Robin
DINER
OPEN
PARKING
REAR OF DINER

DINER
SNACKS
& HAUPTSPEISEN

Als „Midnight Snacks" werden gerne kleine Köstlichkeiten wie „Chicken Wings" bezeichnet, die man rund um die Uhr zu sich nehmen kann. Die Hauptspeisen sind die Kür. Hier glänzen die „Short Order Cooks" mit regionalen Vorlieben und oft läßt sich an ihnen ablesen, ob der Besitzer des Diner nun ein griechischer, italienischer oder jugoslawischer Einwanderer ist. Auf ihre Spezialitäten sind die Diner-Köche besonders stolz. Manche Speisen sind fast so etwas wie regionale Legenden geworden, wie zum Beispiel die ultrafrischen „Fisch & Chips" von Bob Fennell im Capitol Diner in Lynn, Massachusetts.

Red Robin Diner in Johnson City, New York

SNACKS & HAUPTSPEISEN

Spareribs with Barbecue Sauce
GEGRILLTE SCHWEINERIPPEN

Über den Ursprung des Gerichts streiten sich Texas, Chicago und Kansas City. Bei Spareribs kommt es auf zwei Dinge an: Garmethode und Sauce. In den USA ist das Grillen über Hickory-Holz die beliebteste Methode. Das wunderbare Raucharoma ist durch nichts zu ersetzen. Wichtig ist auch die Sauce, die je nach Landstrich von scharf bis süß-sauer schmecken kann.

Für 4–6 Personen
Zubereitungszeit:
1 Std. 35 Min.
Durchziehzeit: über Nacht

ZUTATEN

Für die Barbecue Sauce:
3 Scheiben Frühstücksspeck
1 Zwiebel
3 Knoblauchzehen
100 g Rohrzucker
50 g Honig
Saft von 2 Zitronen
200 ml Apfelessig
2 TL Tomatenketchup
3 TL Dijonsenf
2 TL Worcestershiresauce
Salz und Pfeffer aus der Mühle
2 Spritzer Tabasco

Für die Schweinerippen:
2 kg Schweinerippen
Öl zum Bestreichen

Für die Barbecue Sauce den Frühstücksspeck in einer Pfanne ohne Fettzugabe knusprig braten, herausnehmen und abkühlen lassen. Die Zwiebel schälen und in feine Würfel schneiden. Danach im verbliebenen Fett in der Pfanne goldbraun braten.

Die Knoblauchzehen schälen und fein hacken. Den Frühstücksspeck in kleine Stücke zerteilen. Beides zusammen mit allen restlichen Zutaten für die Sauce in die Pfanne geben und vermischen. Das Ganze mit etwas Wasser aufgießen und zum Kochen bringen, dabei gelegentlich umrühren. Danach die Temperatur reduzieren und die Sauce so lange köcheln lassen, bis sie eingedickt ist.

Die Spareribs waschen und trockentupfen. Das Fleisch zwischen den Rippen jeweils mit einem Messer einritzen. Danach alle Spareribs auf Alufolie verteilen und gleichmäßig mit der Barbecue Sauce bestreichen. Mit Folie zudecken und über Nacht im Kühlschrank durchziehen lassen. Übrige Sauce im Kühlschrank aufbewahren.

Den Backofen auf 200 °C vorheizen. Ein Backblech mit Alufolie auslegen und mit Öl bestreichen. Darauf die etwas abgetropften Spareribs verteilen und alles in den Backofen geben. Das Ganze etwa 50 Minuten garen lassen. Kurz vor Ende der Garzeit die Spareribs beidseitig mit Sauce bestreichen und weitere 10 bis 20 Minuten garen lassen. In dieser Zeit gegebenenfalls nochmals mit Sauce bestreichen. Die Spareribs aus dem Backofen nehmen und heiß servieren.

DINER TIP

Am besten schmecken die Spareribs natürlich vom Holzkohlengrill. Vielleicht probieren Sie das Rezept bei Ihrer nächsten Grillparty aus! Dazu passen Folienkartoffeln.

SNACKS & HAUPTSPEISEN

Chicken Wings
HÄHNCHENFLÜGEL

Diese knusprigen Hähnchenflügel wurden zum ersten Mal 1964 in der Anchor Bar in Buffalo, New York serviert. Man nennt sie daher auch „Buffalo Chicken Wings".

Die Hähnchenflügel abwaschen und trockentupfen. Mit einer Geflügelschere die Flügelspitzen abtrennen. Die Flügelstücke in der Mitte am Gelenk mit einem Messer in zwei Teile trennen. Danach die Hähnchenflügel in einer flachen Glaskasserolle auslegen.

Alle weiteren Zutaten bis auf das Öl in eine Schüssel geben, gut vermischen und mit Salz würzen. Die Marinade über die Hähnchenflügel gießen, diese mehrmals darin wenden und über Nacht zugedeckt ziehen lassen.

Den Backofen auf 200 °C vorheizen. Die Hähnchenflügel aus der Marinade nehmen und abtropfen lassen. Ein Backblech mit Aluminiumfolie auslegen und mit Öl bestreichen. Die Flügelstücke darauf verteilen und mit Öl bepinseln. Etwa 15 Minuten im Backofen garen, wenden, mit Öl bestreichen und weitere 5 Minuten braten lassen. Anschließend die Flügel beidseitig mit der restlichen Marinade bestreichen und nochmals etwa 15 Minuten im Ofen lassen. Sehr heiß servieren.

Für 4–6 Personen
Zubereitungszeit: 45 Min.
Durchziehzeit: über Nacht

ZUTATEN

1,5 kg Hähnchenflügel
250 ml Tomatenketchup
2 EL Rohrzucker
1 EL Honig
2 EL Balsamicoessig
2 EL Sojasauce
1 durchgepreßte Knoblauchzehe
2 EL Pflanzenöl
1/2 TL Cayennepfeffer
1 Spritzer Tabasco
Salz aus der Mühle
Öl zum Bestreichen

DINER TIP

Dazu paßt ein Dip aus 50 g Mayonnaise, 50 g Crème fraîche, 100 g saurer Sahne, 150 g Roquefort und etwas Knoblauch. Den Käsedip mit Pfeffer würzen.

Fried Onion Rings
GEBACKENE ZWIEBELRINGE

Ein Diner ist ohne diese Spezialität undenkbar. Das Rezept wurde bereits 1902 in Mrs. Rorer's „New Cookbook" erwähnt.

Die Zwiebeln schälen, in Ringe schneiden und für 1 Stunde in kaltes Wasser legen. Dann gut abtrocknen. Die Kräcker in einem Mörser zu feinem Mehl zerstoßen. Aus Mehl, Bier und Ei einen Teig rühren, mit Salz und Cayennepfeffer würzen. Etwa 2 Stunden ruhen lassen.

Reichlich Öl in einem großen Topf auf 175 °C erhitzen. Die Zwiebelringe in den Bierteig tauchen, abtropfen lassen, in dem Kräckermehl wenden und im Öl portionsweise knusprig fritieren.

Für 4 Personen
Zubereitungszeit: 20 Min.
Ruhezeit: 2 Std.

ZUTATEN

3 große Zwiebeln
100 g Kräcker, 4 EL Mehl
1/4 l helles Bier
1 Ei, 1 EL Salz
1/2 TL Cayennepfeffer
Öl zum Ausbacken

DINER TIP

Gebackene Zwiebelringe werden als Beilage zusammen mit einem Knoblauchdip oder Mayonnaise serviert.

SNACKS & HAUPTSPEISEN

Baked Virginia Ham

GEBACKENER SCHINKEN

Der meist in Hickory-Holz angeräucherte Schinken stammt in der Regel aus Virginia oder Wisconsin und wird zumeist warm serviert. Ursprünglich als Osterschinken gereicht, wird er heute das ganze Jahr gegessen. Die beste Qualität weist der berühmte Smithfield Ham auf.

Für 8–10 Personen
Zubereitungszeit:
4 Std. 15 Min.
Durchziehzeit: über Nacht

ZUTATEN

5 kg gekochter Schinken mit Schwarte, leicht geräuchert
4 Orangen
150 ml trockener Sherry
350 g Honig
Öl für die Form
8–10 Nelken
200 g Rohrzucker
2 TL Dijonsenf

Den Schinken mit einer Fleischgabel in regelmäßigen Abständen einstechen. In die Fettschicht mit einem scharfen Messer ein kreuzförmiges Rautenmuster einritzen.

Die Orangen auspressen und den Saft zusammen mit dem Sherry und dem Honig in einer Schüssel miteinander vermischen. Den Schinken in eine große Gefriertüte geben und die Marinade in die Tüte füllen. Das Ganze verschlossen über Nacht in den Kühlschrank geben. Zwischendurch immer wieder wenden, so daß die Marinade überall verteilt wird.

Am nächsten Tag den Backofen auf 170 °C vorheizen. Eine große Form mit Öl ausstreichen und den Schinken mit der Schwarte nach oben hineinlegen. Über das Ganze, bis auf einen kleinen Rest, die Marinade gießen. Danach den Schinken mit den Nelken spicken.

Den Schinken etwa 4 Stunden auf mittlerer Schiene garen lassen. Dabei immer wieder mit dem Bratensaft bzw. der Marinade in der Form übergießen. Nach etwa 3 1/2 Stunden die restliche, beiseite gestellte Marinade mit dem Rohrzucker und dem Senf in einer Schüssel vermischen. Diese Mischung gleichmäßig auf den Schinken streichen. Das Ganze mit Alufolie abdecken und in etwa 30 Minuten fertig garen.

Danach den Schinken aus dem Ofen nehmen und etwas abkühlen lassen. Anschließend dünn aufschneiden, mit der Marinade aus der Form beträufeln und warm servieren.

DINER TIP

Der Schinken ist ideal für Festtage oder für ein feines Büffet, da er auch kalt sehr gut schmeckt.

Central Diner in Millbury, Massachusetts

SNACKS & HAUPTSPEISEN

SNACKS & HAUPTSPEISEN

Chili con Carne

RINDFLEISCHTOPF

Das Original, das angeblich aus Texas stammt, besteht aus gewürfeltem Rindfleisch, Zwiebeln, Knoblauch, Chilis, Oregano und Wasser zum Aufgießen. Es wird dort „a bowl of red" – eine Schale Rotes genannt. Die bekanntere Version enthält aber Bohnen und Tomaten.

Für 4–6 Personen
Zubereitungszeit:
1 Std. 30 Min.

ZUTATEN

1 große Zwiebel
1 rote Paprikaschote
2 Knoblauchzehen
4 EL Öl
500 g Rinderhackfleisch
4 Tomaten
250 g rote Bohnen aus der Dose
100 g Maiskörner aus der Dose
2 EL Tomatenmark
4 große, getrocknete Chilischoten
1 TL getrockneter Oregano
1 TL getrockneter Majoran
1 TL Cayennepfeffer
4 TL rosenscharfes Paprikapulver
Tabasco
Salz aus der Mühle

Die Zwiebel schälen und würfeln. Die Paprikaschote waschen, halbieren, entkernen und in kleine Würfel schneiden. Den Knoblauch schälen und fein hacken.

Das Öl in einem großen Topf erhitzen und das Hackfleisch darin scharf anbraten, bis es grau und krümelig wird. Danach Zwiebel, Paprikaschote sowie Knoblauch zugeben und alles zusammen braten. Die Tomaten waschen, vom Stielansatz befreien, entkernen und das Fruchtfleisch in Würfel schneiden. Bohnen und Mais abgießen.

Die Tomatenwürfel zusammen mit den Bohnen, dem Mais und dem Tomatenmark zum Fleisch geben und das Ganze gut vermischen. Danach etwas Wasser zugießen und das Chili zugedeckt bei mittlerer Hitze etwa 20 Minuten köcheln lassen.

Die getrockneten Chilischoten fein hacken. Zusammen mit Kräutern und Gewürzen in den Topf geben. Das Chili gut verrühren und etwa 1 Stunde schmoren lassen. Dabei gelegentlich umrühren und eventuell etwas Wasser angießen, damit das Ganze nicht zu trocken wird. Zum Schluß mit Salz abschmecken und heiß servieren.

DINER TIP

Dazu paßt Maisbrot (Rezept s. S. 30). Servieren Sie das Chili zusammen mit saurer Sahne.

Red Robin Diner in Johnson City, New York

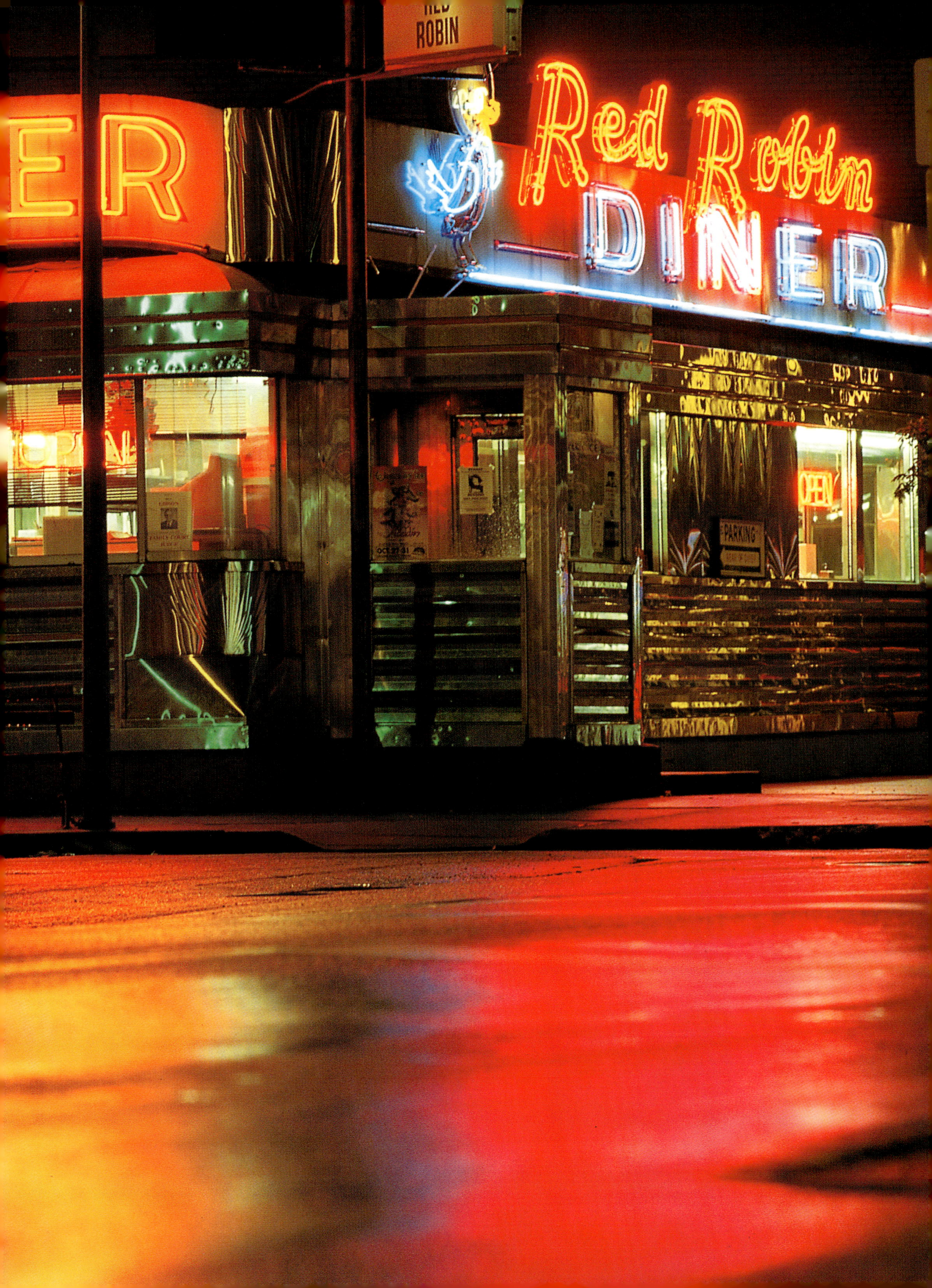
RED ROBIN
Red Robin
DINER
ER
PARKING
OPEN

SNACKS & HAUPTSPEISEN

Roast Turkey with Cranberry Sauce

GEBRATENER TRUTHAHN MIT PREISELBEERSAUCE

Gebratener oder gefüllter Truthahn ist das traditionelle Essen am Thanksgiving Day (Erntedankfest) in den USA. Diese Spezialität wird aber auch an den restlichen Tagen des Jahres sehr gerne verspeist, und viele Diner haben ihr ureigenes Rezept dafür.

Für 6–8 Personen
Zubereitungszeit:
4 Std. 30 Min.

ZUTATEN

1 Truthahn von 3 bis 4 kg
Salz und Pfeffer aus der Mühle
Öl zum Bestreichen
2 große Scheiben Speck

Für die Sauce:
1/4 l trockener Rotwein
150 g Zucker
1 Zimtstange
400 g Preiselbeeren (frisch oder aus dem Glas)
abgeriebene Schale von 1 unbehandelten Orange

Den Backofen auf 220 °C vorheizen. Den Truthahn waschen und trockentupfen. Danach innen und außen mit Salz und Pfeffer einreiben. Die Flügelspitzen abschneiden und die Keulen mit Küchengarn an den Körper binden. Den Truthahn rundherum gut mit Öl bepinseln. Die Speckscheiben über die Brust legen und mit Küchengarn fixieren.

Einen großen Bräter mit etwas Öl benetzen und den Truthahn hineingeben. Das Ganze in den Backofen geben und nach 5 Minuten die Hitze auf 180° C reduzieren. Nach weiteren 20 Minuten ein 1/4 Liter heißes Wasser in den Bräter gießen. Das Fleisch immer wieder mit dem Bratensaft übergießen. Nach etwa 1 Stunde Garzeit den Truthahn nochmals mit Öl bepinseln und gegebenenfalls nochmals Wasser zugießen. Nach etwa 4 Stunden mit einem spitzen Messer in die Keule stechen, wenn der austretende Saft klar ist, den Truthahn herausnehmen, von Küchengarn sowie Speck befreien und mit einer Geflügelschere zerteilen.

Für die Sauce den Wein zusammen mit dem Zucker und der Zimtstange in einem Topf zum Kochen bringen. Bei mittlerer Hitze so lange köcheln lassen, bis der Zucker aufgelöst ist. Danach die Preiselbeeren und die Orangenschale zugeben. Das Ganze aufkochen lassen und weitere 10 Minuten köcheln lassen. Zum Schluß die Zimtstange herausnehmen. Den Truthahn zusammen mit der warmen Preiselbeersauce servieren.

DINER TIP

Denken Sie daran, die Sauce rechtzeitig zuzubereiten (etwa 30 Minuten vor Ende der Garzeit für den Truthahn). Die Sauce paßt zu allen hellen Fleischsorten, außerdem zu Pasteten und Wild. Als Beilage zum Truthahn reicht man Kartoffelpüree oder in Butter gebratene Süßkartoffeln.

Salem Diner in Salem, Massachusetts

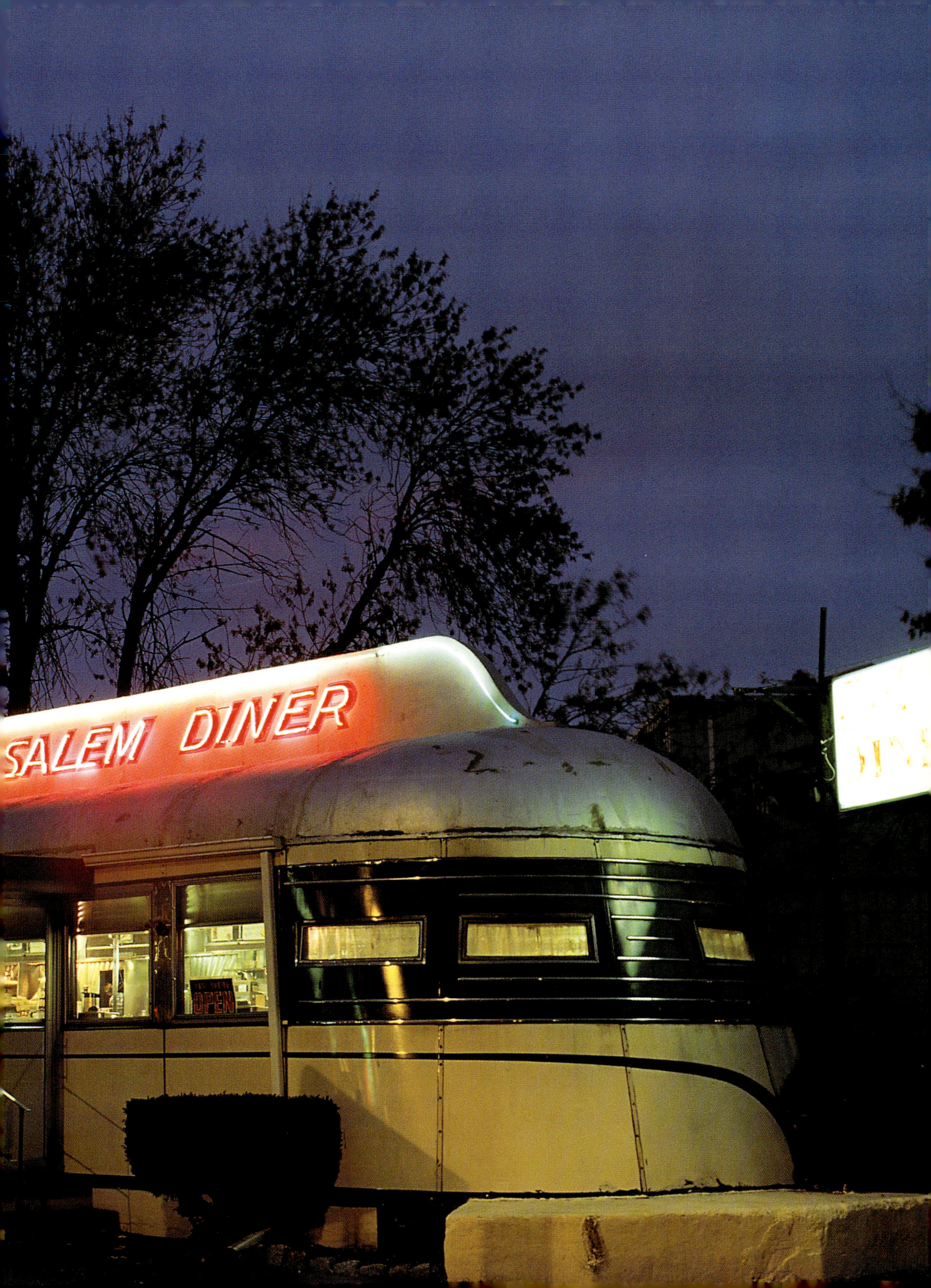
SALEM DINER
OPEN

SNACKS & HAUPTSPEISEN

Porterhouse Steak with Peach Salad

PORTERHOUSESTEAK MIT PFIRSICHSALAT

Porterhousesteaks werden aus dem Rücken von jungen Rindern geschnitten. Sie haben eine Stärke von mindestens 8 cm, so daß meist 2 und mehr Personen satt davon werden. Daß die amerikanische Fleischqualität die beste der Welt ist, hat sich in den letzten Jahren auch bei uns herumgesprochen.

Für 4 Personen
Zubereitungszeit: 45 Min.
Marinierzeit: 2 Std.

ZUTATEN

Für die Steaks:
2 Zwiebeln
6 unbehandelte Zitronen
2 Chilischoten
Salz und Pfeffer aus der Mühle
3 EL Öl
4 Porterhouse Steaks

Für den Pfirsichsalat:
1 grüne Paprikaschote
1 rote Paprikaschote
1 Jalapeno-Chilischote
6 weiße Pfirsiche
2 EL Olivenöl
3 EL gehackte Korianderblätter
4 EL Zitronensaft

Den Backofen auf 200 C° vorheizen. Die Zwiebeln schälen und in dünne Scheiben schneiden. Die Zitronen heiß waschen, trockenreiben und die Schale in eine kleine Schüssel reiben. Die Chilischoten halbieren, entkernen und fein hacken.

Die Zwiebelscheiben und die Zitronenschale auf Backpapier im Backofen etwa 5 Minuten trocknen lassen. Dann mit den Chilischoten vermischen und mit Salz und Pfeffer würzen. Das Fleisch rundherum mit etwa der Hälfte des Öls bepinseln und beidseitig mit der Gewürzmischung kräftig bestreuen. Das Ganze etwa 2 Stunden marinieren lassen.

In einer großen Pfanne das restliche Öl stark erhitzen, die Steaks darin etwa 2 Minuten auf jeder Seite scharf anbraten, um die Fleischporen zu schließen. Danach im Backofen bei 200 °C etwa 7 Minuten ziehen lassen.

Inzwischen für den Pfirsichsalat die Paprikaschoten und die Chilischote waschen, entkernen und in Würfel schneiden. Die Pfirsiche waschen, entsteinen und mitsamt Schale in Scheiben schneiden.

Das Olivenöl in einer Pfanne erhitzen und Paprikaschoten sowie Chilischote darin andünsten. Die Pfirsichscheiben zugeben und etwa 2 Minuten im heißen Öl belassen. Danach die Korianderblätter untermischen und die Pfanne vom Herd nehmen. Den Salat mit Zitronensaft, Salz und Pfeffer abschmecken und sofort zusammen mit den Steaks servieren.

DINER TIP

Jalapeño-Chili stammt aus Mexiko und ist dort der bekannteste Chili. Sie können auch eine andere Sorte nehmen.

*Galaxie Diner,
Montreal, Kanada*

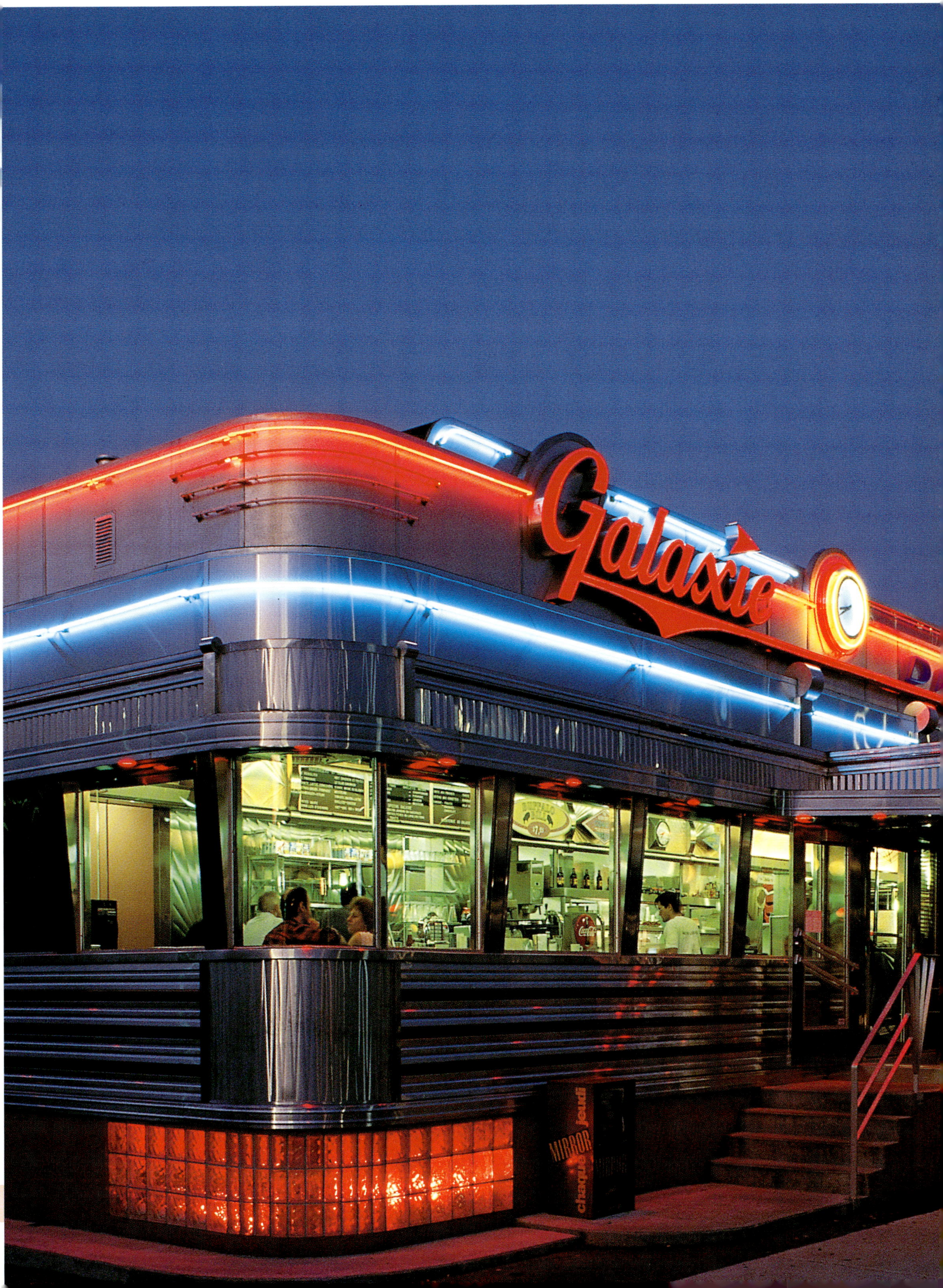
Galaxie
MIRROR
chaque jeudi

SNACKS & HAUPTSPEISEN

Blackened Fish with Lemonbutter

GESCHWÄRZTER FISCH MIT ZITRONENBUTTER

Als Erfinder dieser besonderen Rezeptur gilt Paul Prudhomme, Besitzer des „K-Paul's Louisiana Kitchen" in New Orleans. Seine Kochbücher sind in Amerika extrem populär.

Für 4 Personen
Zubereitungszeit: 40 Min.
Kühlzeit: 2 Std.

ZUTATEN

4 Stücke Fischfilet à ca. 200 g (Red Snapper, Thunfisch, Lachs oder Schwertfisch)
250 g Butter
4 EL Zitronensaft
Salz und Pfeffer aus der Mühle
1 EL gehacktes Basilikum
Zitronenhälften zum Garnieren

Die Fischfilets waschen, trockentupfen und so zuschneiden, daß die Ränder glatt und jedes Filet überall ungefähr die gleiche Stärke (möglichst nicht dicker als 2 cm) hat. Danach die Filets für 2 Stunden in den Kühlschrank geben.

Die Butter in einem Topf zerlassen und bei milder Hitze den Zitronensaft einrühren. Das Ganze mit Salz und Pfeffer würzen, das Basilikum zugeben und die Sauce warm halten.

Den Backofen auf 150 °C vorheizen. Den Pfannenboden einer Eisenpfanne fast glühend aufheizen. Inzwischen den Fisch aus dem Kühlschrank nehmen und trockentupfen. Danach 2 Filets in der warmen Buttersauce wenden und abtropfen lassen. Sofort in die Pfanne legen. In wenigen Sekunden ist die Unterseite geschwärzt. In diesem Augenblick das Ganze mit einer Palette wenden und die andere Seite braten. Die gebratenen Filets im vorgewärmten Backofen warm halten.

Die Pfanne von der Feuerstelle nehmen und mit Küchenpapier gründlich auswischen, so daß keine schwarzen Teilchen vorhanden sind. Danach die Pfanne erneut aufheizen, die restlichen Filets in der Sauce wenden und in beschriebener Weise braten.

Die Filets auf Tellern anrichten, mit der erwärmten Buttersauce übergießen und mit Zitronenhälften garnieren.

DINER TIP

Für diese Zubereitungsart benötigt man eine schwere Eisenpfanne, deren Pfannenboden fast glühend aufgeheizt wird. Es sollte mit sehr großer Vorsicht gearbeitet werden, da eingebaute Küchengeräte wegen der großen Hitze leicht einen Schaden erleiden könnten. Am Besten kann dies im Freien auf einem Grill bewerkstelligt werden.

VARIATION

Sie können die Fischfilets auch in einer Gewürzmischung wenden, nachdem sie in der Buttersauce geschwenkt wurden. Vermengen Sie 1 Teelöffel edelsüßes Paprikapulver, 2 Teelöffel Salz, je 1 Teelöffel Cayenne- und Zitronenpfeffer sowie je 1/2 Teelöffel Oregano und Thymianblätter.

Mario's Little Gem Diner in Syracuse, New York

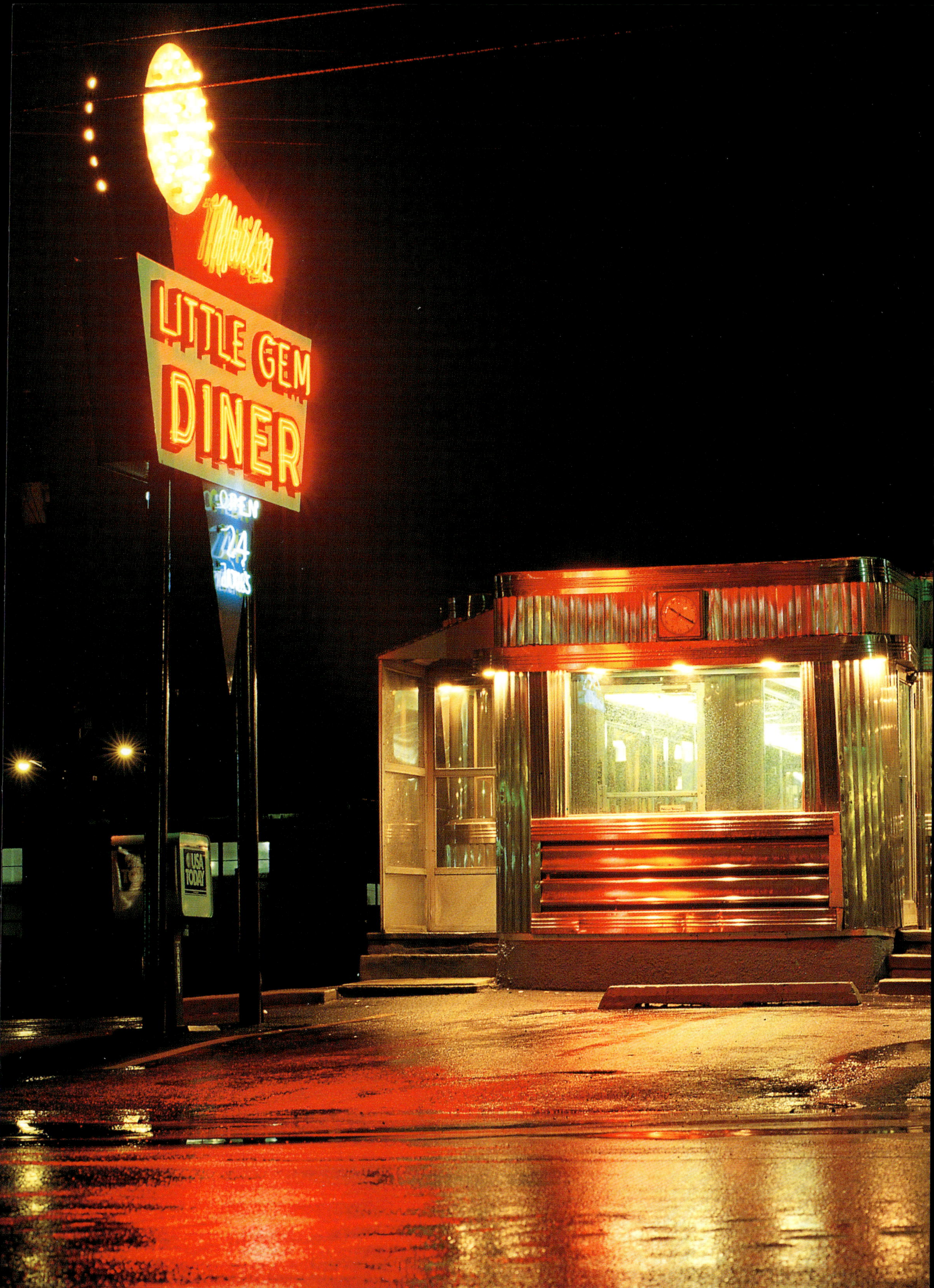
LITTLE GEM
DINER
USA TODAY

SNACKS & HAUPTSPEISEN

Fish Chowder

FISCHCREMESUPPE

Chowders entstanden in den frühen Siedlerzeiten Amerikas. Sie waren ein Gemeinschaftsessen, zu dem jeder etwas beitrug und von dem jeder seinen Teil erhielt. Chowders werden meist abends gegessen und sind typisch für die amerikanische Küche. Dazu werden Kräcker oder dünne harte Kekse gereicht.

Für 4 Personen
Zubereitungszeit: 1 Std.

ZUTATEN

50 g Speck
2 Zwiebeln
3 Kartoffeln
850 g Venusmuscheln aus der Dose (in Salzlake)
1/2 Bund Thymian
1/2 TL Tabasco
500 g Sahne
3 EL Butter
Salz und Pfeffer aus der Mühle
900 g küchenfertige Kabeljaufilets
1 EL gehackte Petersilie
2 TL edelsüßes Paprikapulver

Den Speck würfeln und in einem Suppentopf bei mittlerer Hitze knusprig braten. Danach mit einem Schaumlöffel herausheben und auf Küchenkrepp abtropfen lassen. Die Zwiebeln und die Kartoffeln schälen und beides in kleine Würfel schneiden. Die gewürfelten Zwiebeln in den Topf mit dem Speckfett geben und darin glasig werden lassen.

Den Saft von den Muscheln in ein Gefäß abgießen. Danach die Muscheln mit einem Messer zerkleinern und mit einem Mixstab pürieren. Das Püree zusammen mit der Lake und den Kartoffelwürfeln in den Suppentopf zugeben. Das Ganze mit Wasser aufgießen, so daß alles bedeckt ist.

Diese Mischung zum Kochen bringen und dann 20 bis 30 Minuten bei milder Hitze zugedeckt köcheln lassen. Wenn die Kartoffelwürfel fast weich sind, den gebratenen Speck zugeben. Inzwischen die Blättchen von den Thymianzweigen entfernen und waschen. Diese zusammen mit dem Tabasco, der Sahne und der Butter untermischen und verrühren. Alles mit Salz und Pfeffer abschmecken.

Die Kabeljaufilets waschen, von eventuellen Gräten befreien, in Stücke schneiden und in die Suppe auf die Kartoffeln legen. Alles ohne Deckel erhitzen, aber nicht zum Kochen bringen und etwa 15 Minuten sieden lassen. Am Ende der Garzeit umrühren, die Suppe mit der gehackten Petersilie sowie mit dem Paprikapulver bestreuen und heiß servieren.

VARIATION

Sie können den Kabeljau auch weglassen und nur die Muscheln verwenden.

O'Rourke's Diner
in Middletown,
Connecticut

Chicken Pot Pie

HÜHNERPASTETE

Dieses mit Teig bedeckte Geflügel-Gulasch geht ursprünglich auf die britische Kochtradition zurück, und wird in den USA etwa seit dem 18. Jahrhundert serviert. Ein ideales Wintergericht.

Für 4–6 Personen
Zubereitungszeit: 2 Std.

ZUTATEN

Für die Füllung:
1 küchenfertiges Hähnchen (ca. 1,5 kg)
125 g Emmentaler
1 Zwiebel
125 g Champignons
125 g Butter
4 EL Mehl
250 ml Milch
1/2 TL getrockneter Thymian
Salz und Pfeffer aus der Mühle
250 g Naturjoghurt

Für den Teig:
200 g Mehl
3 TL Backpulver
4 EL weiche Butter
250 ml Milch

Das Hähnchen gut waschen, dann in einem Topf zur Hälfte mit Wasser bedecken. Zugedeckt etwa 1 Stunde köcheln lassen. Dann herausnehmen, das Fleisch von den Knochen lösen, die Haut entfernen und das Fleisch in mundgerechte Stücke zerteilen. Etwa 1/2 Liter Hühnerbrühe abmessen, den Rest anderweitig verwenden.

Den Emmentaler fein raspeln. Die Zwiebel schälen und fein hacken. Die Champignons putzen und in dünne Scheiben schneiden. Etwa 1 Eßlöffel Butter erhitzen und die Champignons darin andünsten.

Die restliche Butter in einem großem Topf zerlassen, das Mehl hineinstäuben und unter Rühren anschwitzen. Nach und nach die Hühnerbrühe und die Milch untermischen, köcheln lassen, bis die Sauce glatt und sämig ist. Den Käse, die Zwiebel und den Thymian zugeben, mit Salz und Pfeffer abschmecken. Die Pilze, das Hähnchenfleisch sowie Joghurt vorsichtig unterheben und das Ganze in eine flache, feuerfeste Form geben.

Den Backofen auf 200 °C vorheizen. Mehl, Backpulver, 1/2 Teelöffel Salz, Butter und Milch zu einem glatten Teig verkneten. Auf einer bemehlten Arbeitsfläche etwa 1 cm dick ausrollen und Kreise von etwa 9 cm Durchmesser ausstechen. Die Füllung in der Form mit den Teigkreisen belegen. Das Ganze etwa 35 Minuten backen.

Die klassische Worcester-Lunch-Car-Uhr

SNACKS & HAUPTSPEISEN

Fish and Chips with Sauce Tatar

GEBACKENER FISCH MIT POMMES FRITES UND TATARSAUCE

Mit diesem Gericht verbindet man automatisch Großbritannien. Gebackener Fisch mit Pommes frites und Tatarsauce ist jedoch auch in den USA äußerst beliebt und konnte sich vor allem im Diner durchsetzen.

Für 4–6 Personen
Zubereitungszeit: 30 Min.
Ruhezeit: 30 Min.

ZUTATEN

1 kg frische Fischfilets von Schellfisch oder Scholle

Für den Teig:
100 g Mehl
1 frisches Eigelb
2 EL helles Bier
1/4 TL Salz
3 EL Milch, mit 3 EL kaltem Wasser vermischt
1 Eiweiß

Für die Sauce:
1 frisches Eigelb
6 EL Olivenöl
2 EL Zitronensaft
6 Frühlingszwiebeln
1/2 gehackte Knoblauchzehe
4 EL gehackte Petersilie
1 TL Dijonsenf
1/2 TL Cayennepfeffer
Salz und Pfeffer aus der Mühle

Für die Pommes Frites:
1 kg Kartoffeln
Öl zum Fritieren

Die Fischfilets unter fließend kaltem Wasser waschen, trockentupfen und kühl stellen. Für den Teig das Mehl in eine große Schüssel geben und in die Mitte eine Mulde drücken. Eigelb, Bier und Salz hineingeben. Das Ganze gut verrühren, nach und nach die mit Wasser vermischte Milch zugießen und so lange rühren, bis der Teig glatt ist. Den Teig etwa 30 Minuten ruhen lassen. Dann das Eiweiß steif schlagen und unterziehen.

Für die Sauce das Eigelb in eine Schüssel geben. Abwechselnd tropfenweise Olivenöl und Zitronensaft hinzufügen und mit einem Schneebesen so lange aufschlagen, bis eine Mayonnaise entsteht. Danach die Frühlingszwiebeln schälen und fein hacken. Zusammen mit Knoblauch, Petersilie, Senf und Cayennepfeffer unter die Mayonnaise rühren. Mit Salz und Pfeffer abschmecken, dann kühl stellen.

Für die Pommes Frites die Kartoffeln schälen und der Länge nach in etwa 1 cm dicke und 1 cm breite Streifen schneiden. Den Backofen auf 120 °C vorheizen. Reichlich Öl in einem großen Topf erhitzen. Die Kartoffelstreifen darin portionsweise knusprig und goldbraun fritieren. Mit einem Schaumlöffel herausnehmen, abtropfen lassen, auf ein Backblech legen und mit Salz bestreuen. Die Pommes frites im Ofen warm halten.

Das Öl erneut erhitzen. Die Fischfilets durch den Teig ziehen, so daß sie rundum davon überzogen sind. Im heißen Öl goldbraun fritieren, dabei mit einem Löffel gelegentlich wenden. Den gebackenen Fisch auf Tellern anrichten und mit Pommes frites umlegen. Die Sauce Tatar separat dazu reichen.

DINER TIP

Wenn es schnell gehen soll, können Sie auch tiefgefrorene Pommes frites nehmen. Die selbstgemachten schmecken allerdings um Klassen besser.

*Martha Quinn,
Mitbesitzerin und
Waitress im Four Sisters
Owl Diner in Lowell,
Massachusetts*

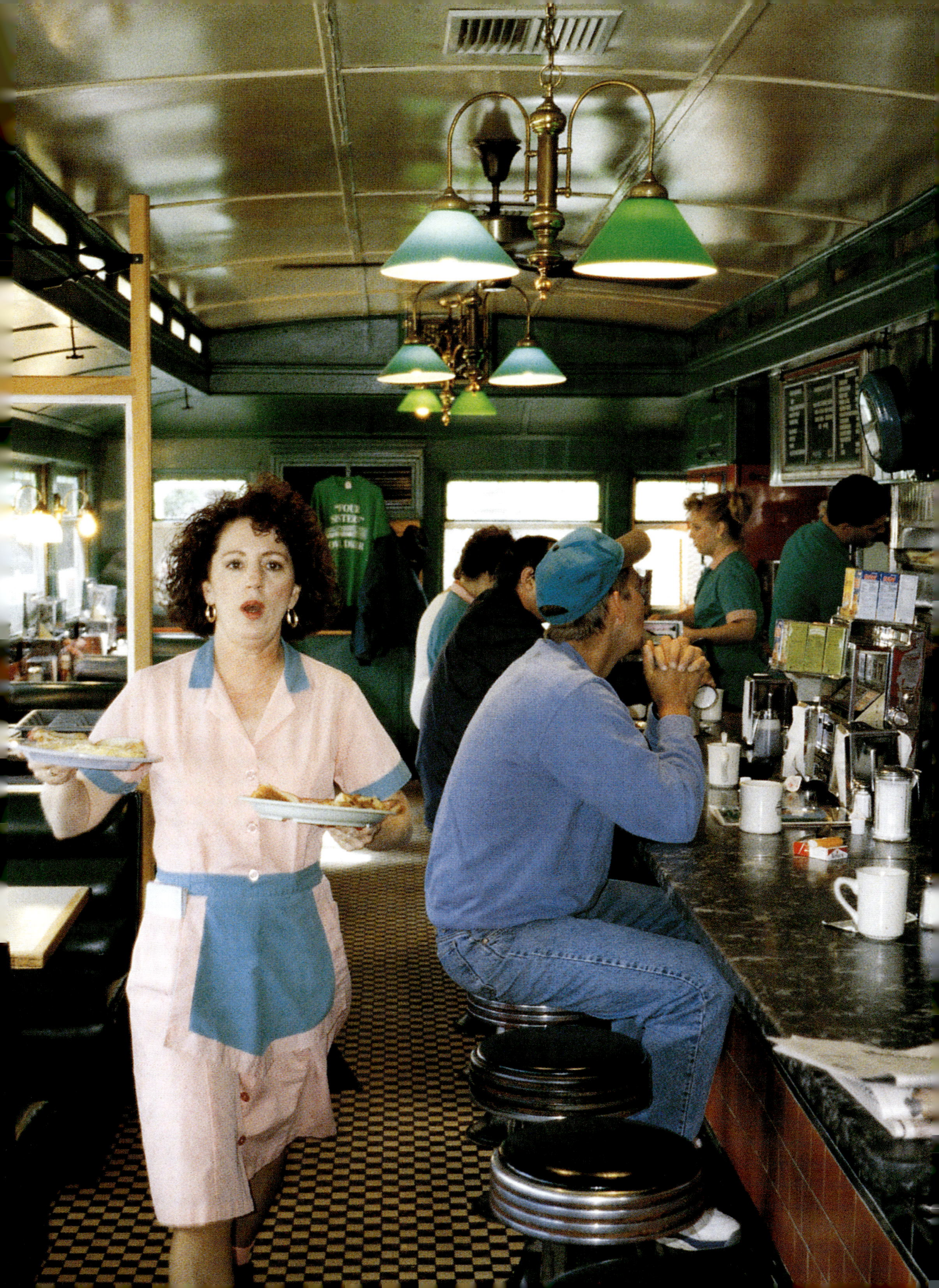

SNACKS & HAUPTSPEISEN

Jambalaya
KREOLISCHER REISTOPF

Jambalaya ist eine der bekanntesten Spezialitäten aus der Jazz-Metropole New Orleans. Das besondere Talent kreolischer Köchinnen sowie der Einfluß vieler Völkergruppen, wie Spanier, Franzosen und Mulatten, haben dieses Gericht zu einem Symbol des Südens werden lassen.

Für 6 Personen
Zubereitungszeit: 45 Min.

ZUTATEN

100 g Hähnchenbrustfilets
100 g Schweinefleisch aus der Schulter
300 g Chorizo- oder Knoblauchwurst
200 g gekochter Schinken
2 Knoblauchzehen
1/2 Bund Frühlingszwiebeln
2 Stangen Staudensellerie
1 rote Paprikaschote
5 EL Öl
100 g gewürfelter Speck
2 TL Thymianblättchen
1/2 TL Cayennepfeffer
1 Spritzer Tabasco
Salz aus der Mühle
400 g geschälte Tomaten (1 kleine Dose)
300 g Langkornreis
3/4 l Geflügebrühe
400 g küchenfertige, geschälte Garnelen

Das Hähnchen- und Schweinefleisch waschen, trockentupfen und in Würfel schneiden. Die Chorizowurst und den Schinken ebenfalls würfeln. Die Knoblauchzehen schälen und fein hacken.

Die Frühlingszwiebeln waschen und putzen, dabei das Grüne entfernen. Die Frühlingszwiebeln in feine Röllchen schneiden. Den Sellerie waschen, putzen und kleinschneiden. Die Paprikaschote waschen, halbieren, entkernen und in feine Wüfel schneiden.

Das Öl in einem großen Topf erhitzen, die Fleischwürfel darin rundherum scharf anbraten, dann mit einem Schaumlöffel herausnehmen. Die Wurst-, Schinken- und Speckwürfel ebenfalls anbraten und anschließend herausnehmen. Danach die Gemüsewürfel in den Topf geben und andünsten. Thymian, Cayennpfeffer sowie Tabasco zugeben und alles salzen.

Die Schältomaten in kleine Stücke schneiden und zusammen mit den Fleisch-, Wurst- und Schinkenwürfeln in den Topf mit dem Gemüse geben. Das Ganze unter ständigem Rühren etwa 10 Minuten köcheln lassen. Danach den Reis zusammen mit der Geflügelbrühe in den Topf geben und alles zugedeckt etwa 20 Minuten bei kleiner Hitze weiter garen lassen.

Anschließend die Garnelen untermischen und alles etwa 15 Minuten unter gelegentlichem Rühren weiter köcheln lassen. Wenn die Flüssigkeit im Topf aufgesaugt und der Reis weich ist, die Jambalaya servieren.

DINER TIP

Bestreuen Sie die Jambalaya vor dem Servieren mit Petersilie oder Korianderblättchen. Wenn Sie es gerne scharf mögen, können Sie 1 kleingehackte Chilischote mitgaren.

*Red Robin Diner
in Johnson City,
New York*

SNACKS & HAUPTSPEISEN

PROSPECT MT.
DINER
PROSPECT MT. DINER
DINNER LUNCHEON
SPECIALS

DINER
DESSERTS & KUCHEN

Desserts werden in den USA ganz groß geschrieben, und oft gleich in Kombinationen gereicht. Es ist nicht ungewöhnlich, daß ein Stück Apple Pie gleich mit zwei Kugeln Vanilleeiscreme serviert wird – „à la mode" nennen die Amerikaner diese Köstlichkeit. Kuchen runden jede anständige Diner-Mahlzeit ab, egal ob es sich nun um Erdbeer-Rhabarber-Streuselkuchen oder Kokosnußkuchen handelt. Und mancherorts wissen die Einheimischen ganz genau, um welche Uhrzeit der Heidelbeerkuchen heiß aus der Backröhre kommt und gehen dann auch schon mal lediglich zu Kaffee und Kuchen in den Diner.

Prospect Mountain Diner in Lake George, New York

DESSERTS & KUCHEN

Peach Ice Cream

PFIRSICH-EISCREME

Die Amerikaner sind begeisterte Eiscremeesser. Dementsprechend vielfältig ist das Angebot an Eissorten. Hausgemachte Eiscreme schmeckt natürlich am besten.

Reichlich Wasser in einem großen Topf zum Kochen bringen. Die Pfirsiche auf einer Schaumkelle einzeln für einige Sekunden in das kochende Wasser halten. Dann schälen, halbieren, entsteinen, das Fruchtfleisch zerkleinern und pürieren. Das Pfirsichpüree mit Pfirsichlikör, Zitronensaft und 60 g Zucker gründlich verrühren.

Salz, Eigelbe, Milch, Sahne und den restlichen Zucker in einem Topf verrühren. Die Vanilleschote längs aufschlitzen und zufügen. Die Mischung bei mittlerer Hitze etwa 25 Minuten köcheln lassen, bis sie etwas eingekocht ist. Die Vanilleschote entfernen und die Flüssigkeit kühl stellen.

Sobald die Milch kalt ist, die Crème double und das Pfirsichpüree gründlich unterheben. Das Ganze in eine gefrierbeständige Schüssel füllen, glattstreichen, mit Alufolie zudecken und für etwa 4 Stunden in das Tiefkühlgerät stellen.

Für 4–6 Personen
Zubereitungszeit: 40 Min.
Gefrierzeit: 4 Std.

ZUTATEN

3 große reife Pfirsiche
3 TL Pfirsichlikör
1 TL Zitronensaft
300 g Zucker
1/2 TL Salz
3 frische Eigelb
150 ml Milch
100 g Sahne
1 Vanilleschote
300 g Crème double

DINER TIP

Sofern Sie eine Eismaschine besitzen, können Sie das Eis natürlich auch darin gefrieren lassen. Bitte nach Gebrauchsanweisung verfahren.

VARIATION

Anstelle von Pfirsichen können Sie auch andere Früchte nehmen, beispielsweise Erd- oder Himbeeren. Dann jeweils einen passenden Likör verwenden.

*Palooka's Diner
in Wilkes-Barre,
Pennsylvania*

Bourbon Vanilla Ice Cream

VANILLE-EISCREME

Gemäß zuverlässigen Quellen ist das das beste Rezept für Vanille-Eiscreme, das Amerika zu bieten hat. Ein guter Bourbon ist hierfür unerläßlich, bitte auf keinen billigen Ersatz zurückgreifen!

Für 4–6 Personen
Zubereitungszeit: 40 Min.
Gefrierzeit: 4 Std.

ZUTATEN

300 g Sahne
300 g Crème double
2 Vanilleschoten
6 frische Eigelb
200 g Zucker
1 Prise Salz
4 EL Bourbon (amerikanischer Whiskey)

Sahne und Crème double in einem Topf verrühren. Die Vanilleschoten längs aufschlitzen, jeweils das Mark mit einem Teelöffel herauskratzen und in den Topf geben. Das Ganze bei milder Temperatur langsam erhitzen.

Die Eigelbe in einer Schüssel zusammen mit Zucker und Salz schaumig rühren. Nach und nach die heiße Sahnemischung unterziehen, dann das Ganze zurück in den Topf gießen und bei milder Hitze unter ständigem Rühren köcheln lassen, bis die Masse zäh vom Löffel fließt.

In eine große Schüssel umfüllen und abkühlen lassen. Anschließend den Whiskey unterrühren. Das Ganze in eine gefrierbeständige Schüssel füllen, glattstreichen, mit Alufolie zudecken und für etwa 4 Stunden in das Tiefkühlgerät stellen.

DINER TIP

Traditionell wird in einem Diner kein Alkohol ausgeschenkt. Wir finden das Rezept aber so köstlich, daß wir uns erlaubt haben, hier eine Ausnahme zu machen. Puristen können den Whiskey natürlich weglassen.

DESSERTS & KUCHEN

Coconut Pie

KOKOSNUßKUCHEN

Kuchen und Torten spielen in der amerikanischen Küche eine sehr wichtige Rolle. Die Torten sind sehr süß und aufwendig in der Zubereitung. Der Kokosnußkuchen spiegelt hawaiianischen Einfluß wider.

Für 1 Kuchen
Zubereitungszeit: 40 Min.
Backzeit: 25 Min.
Kühlzeit: 2 Std.

ZUTATEN

Für den Teig:
400 g Mehl
3 TL Backpulver
200 g Zucker
125 g weiche Butter
1 Prise Salz
3 Eigelb
1/4 l Milch
1/2 TL Vanillearoma
200 g Kokosflocken
3 Eiweiß
Butter für die Form

Für die Füllung:
1 TL Gelatinepulver
300 g Kokosflocken
125 g Sahne
12 EL heißes Wasser
150 g Zucker
3 EL Mehl
2 EL Speisestärke
2 EL Butter
2 Eigelb
abgeriebene Schale von 1 unbehandelten Orange

Den Backofen auf 175 °C vorheizen. Mehl zusammen mit Backpulver in eine Schüssel sieben. Zucker, Butter und Salz in einer zweiten Schüssel cremig rühren. Die Eigelbe verquirlen, zur Buttermischung geben und unterrühren. Buttermischung zusammen mit der Milch unter die Mehlmischung rühren. Vanillearoma und Kokosflocken unter den Teig arbeiten. Eiweiße steif schlagen und unterziehen.

2 Springformen mit etwa 22 cm Durchmesser ausfetten. Den Teig halbieren, jede Hälfte auf dem Boden einer Form verteilen. Die Teigböden im Backofen etwa 25 Minuten backen. In der Form abkühlen lassen.

Für die Füllung die Gelatine in 1 bis 2 Eßlöffeln Wasser quellen lassen. Die Hälfte der Kokosflocken trocken leicht anrösten und beiseite stellen. Die Sahne steif schlagen und kühl stellen. Das heiße Wasser in eine Schüssel geben. Zucker, Mehl und Speisestärke einrühren. Die Mischung unter ständigem Rühren im Wasserbad etwa 10 Minuten erhitzen. Danach zugedeckt bei milder Hitze weitere 10 Minuten quellen lassen. Anschließend die Butter zerlassen und unterrühren.

Die Eigelbe mit einem Schneebesen gut aufschlagen. 3 Eßlöffel von der Mehlmischung entnehmen und untermischen. Diese Mischung mit der Mehlmischung vermengen und einige Minuten im Wasserbad schlagen, bis die Creme beginnt, dick zu werden. Jetzt die eingeweichte Gelatine zugeben, darin auflösen und die Orangenschale einrühren.

Die gerösteten Kokosflocken und die Schlagsahne unterheben. Ein Drittel der Füllung auf einen Tortenboden streichen, den zweiten Boden auflegen und die restliche Füllung darauf verstreichen. Die restlichen Kokosflocken über die ganze Torte verteilen. Vor dem Servieren für etwa 2 Stunden kühl stellen.

West Taghkanic Diner
am Taconic Parkway,
Upstate New York

WEST TAGHKANIC DINER

DESSERTS & KUCHEN

Apple Pie

APFELKUCHEN

Im Herbst finden in den USA eine Reihe von Festlichkeiten statt, in deren Mittelpunkt das Backen von Apfelkuchen steht und dessen Herstellung fast schon rituellen Charakter hat. Die besten Äpfel stammen aus den Staaten Washington und Oregon.

Den Backofen auf 200 °C vorheizen. Butter, Mehl, Salz und Zucker in einer Schüssel zu einer krümeligen Masse verkneten. Ei, 120 ml Wasser und Zitronensaft verrühren. Die Mischung zum Butterteig geben und das Ganze zu einem glatten Teig verkneten. Zur Kugel formen, in Folie einschlagen und für 1 Stunde kühl stellen.

Für die Füllung die Äpfel schälen, halbieren, entkernen und in Scheiben schneiden. Anschließend mit Zitronensaft beträufeln. Den Teig auf einer bemehlten Fläche dünn ausrollen und 2 Kreise von etwa 28 cm Durchmesser ausschneiden. Eine Pieform mit 24 cm Durchmesser mit Butter ausfetten, einen Teigkreis hineinlegen und dabei einen 4 cm hohen Rand formen.

Zucker, braunen Zucker, Zimt sowie Mehl vermischen und unter die Apfelscheiben heben. Die Füllung in der Form verteilen, die Butter in Flöckchen darüber geben und das Ganze mit dem zweiten Teigkreis abdecken. Die beiden Teighälften an den Rändern fest zusammendrücken.

Die Teigoberfläche mit einer Gabel mehrmals einstechen, damit der beim Backen entstehende Wasserdampf entweichen kann. Den Kuchen mit Eigelb bestreichen, dann im Backofen etwa 45 Minuten backen. Anschließend mit Backpapier abdecken und weitere 15 Minuten backen. In der Form abkühlen lassen. Mit Apfelmarmelade bepinseln und lauwarm servieren.

Für 1 Kuchen
Zubereitungszeit: 45 Min.
Kühlzeit: 1 Std.
Backzeit: 1 Std.

ZUTATEN

Für den Teig:
350 g Butter
400 g Mehl
1 TL Salz
2 TL Zucker
1 Ei
1 TL Zitronensaft
Butter für die Form

Für die Füllung:
8 Äpfel
2 EL Zitronensaft
180 g Zucker
90 g brauner Zucker
1 TL Zimtpulver
2 TL Mehl
2 EL Butter
1 Eigelb
1 EL Apfelmarmelade

DINER TIP

Dazu paßt Vanille-Eiscreme (Rezept s. S. 83).

DESSERTS & KUCHEN

Chocolate Cake

SCHOKOLADENKUCHEN

Diese süße Sünde verdanken die Amerikaner europäischen Einwanderern. Die typisch amerikanische Einstellung „noch größer, noch besser" läßt den Kuchen manchmal überdimensionale Ausmaße annehmen.

Für 1 Kuchen
Zubereitungszeit: 1 Std.
Backzeit: 45 Min.
Kühlzeit: 1 Std.

ZUTATEN

Für den Teig:
Butter für die Form
150 g zimmerwarme Butter
350 g Zucker
3 Eier
250 g Mehl
1 TL Backpulver
80 g Kakaopulver
1 Prise Salz
300 ml Milch
1 TL Vanillearoma
4 EL Schokoladenlikör

Für die Füllung:
100 g Zartbitterkuvertüre
150 g Zucker
125 g Crème double
1 EL Zuckersirup (Fertigprodukt)
2 EL Butter

Für die Schokoladencreme:
500 g Crème double
4 EL Kakaopulver
7 EL Puderzucker

Den Backofen auf 180 °C vorheizen. Eine Springform (ca. 24 cm Durchmesser) ausfetten. Die Butter cremig rühren, den Zucker einrieseln lassen, und so lange weiterrühren, bis der Zucker aufgelöst ist. Dann die Eier untermischen. Das Mehl und das Backpulver vermischen und in eine große Schüssel sieben. Das Kakaopulver und das Salz zugeben und das Ganze vermengen. Eßlöffelweise unter die Eiermasse rühren. Milch, Vanillearoma sowie Schokoladenlikör zugeben und alles zu einem glatten Teig verarbeiten. Den Teig in die Form füllen, glattstreichen und im Backofen etwa 45 Minuten backen. Herausnehmen und abkühlen lassen.

Für die Füllung 25 g Kuvertüre fein hacken und beiseite stellen. Die restliche Kuvertüre grob hacken und zusammen mit Zucker, Crème double und Zuckersirup in einer Pfanne bei mittlerer Hitze erwärmen. Das Ganze kurz aufkochen und anschließend 10 Minuten köcheln lassen. Dann vom Herd nehmen und die Butter stückchenweise einarbeiten. Die Masse etwas abkühlen lassen und glattrühren.

Für die Schokoladencreme Crème double und Kakaopulver in einer Schüssel verrühren. Den Puderzucker unter ständigem Rühren untermischen. Kräftig aufschlagen, bis die Masse fest ist. Den Tortenboden aus der Form lösen und in 2 Böden teilen. Den unteren Boden mit der Füllung bestreichen und mit der klein gehackten Kuvertüre bestreuen. Anschließend etwas Schokoladencreme darüber verteilen.

Den zweiten Boden aufsetzen, den gesamten Kuchen mit der restlichen Schokoladencreme bestreichen und für mindestens 1 Stunde kühl stellen.

Air Line Diner, am La Guardia Airport in Queens, New York

DESSERTS & KUCHEN

Carrot Cake
KAROTTENKUCHEN

Das Originalrezept wurde wahrscheinlich von Schweizer Einwanderern mitgebracht, bei den Eidgenossen heißt der Kuchen „Rüblitorte". Seit den fünfziger Jahren zählt Karottenkuchen zum Diner-Standard.

Für 1 Kuchen
Zubereitungszeit: 30 Min.
Backzeit: 45 Min.

ZUTATEN
Für den Teig:
350 g Karotten
7 Eier
240 g Zucker
300 g gemahlene Mandeln
abgeriebene Schale von 1 unbehandelten Zitrone
1 TL Zimtpulver
3 EL Rum
Für die Glasur:
150 g Puderzucker
2 EL Rum
Außerdem:
3 EL Ananasmarmelade
Butter und Semmelbrösel für die Form

Die Karotten putzen, schälen und fein reiben. Backofen auf 180 °C vorheizen. Eine Springform mit 26 cm Durchmesser ausfetten und mit Semmelbröseln ausstreuen.

Die Eier aufschlagen und trennen. Die Eiweiße zu festem Schnee schlagen, dabei 4 Eßlöffel Zucker einrieseln lassen. Den Schnee kühl stellen. Die Eigelbe zusammen mit dem restlichen Zucker schaumig rühren. So lange rühren, bis die Masse weiß zu werden beginnt und sich der Zucker aufgelöst hat.

Dann Karotten, Mandeln, Zitronenschale, Zimt und Rum unterrühren. Den Eischnee mit einem Schneebesen unterziehen. Den Teig in die Form füllen, glattstreichen und im Ofen etwa 45 Minuten backen. Anschließend herausnehmen, aus der Form lösen und auf ein Kuchengitter setzen. Abkühlen lassen.

In einem kleinen Topf die Ananasmarmelade zusammen mit etwas Wasser erhitzen. Den Kuchen rundherum mit Marmelade bestreichen. Für die Glasur den Puderzucker mit dem Rum in einem kleinen Topf bei schwacher Hitze glattrühren. Die Oberfläche des Kuchens mit Hilfe eines Backpinsels gleichmäßig mit der Glasur überziehen und diese mit einer Palette glattstreichen.

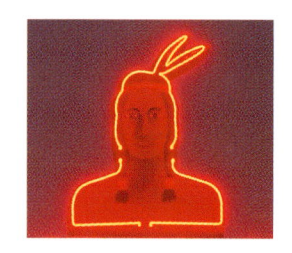

*Shawmut Diner
in New Bedford,
Massachusetts*

DESSERTS & KUCHEN

89

DESSERTS & KUCHEN

Strawberry Rhubarb Crisp Cake

ERDBEER-RHABARBER-STREUSELKUCHEN

Rhabarber wurde wahrscheinlich von britischen Einwanderern in die USA eingeführt. Früher bot er eine willkommene Abwechslung in den Frühlingsmonaten. Dieser Kuchen ist ein echter Diner-Klassiker, der üblicherweise zusammen mit Vanille-Eiscreme serviert wird.

Für 1 Kuchen
Zubereitungszeit: 30 Min.
Backzeit: 45 Min.

ZUTATEN

Für den Streuselbelag:
4 EL Haferflocken
4 EL Mehl
6 EL Rohrzucker
1/2 TL Zimtpulver
80 g kalte Butter
60 g geröstete Walnußkerne

Für die Füllung:
4 Stangen Rhabarber
500 g Erdbeeren
180 g Zucker
2 EL Mehl

Den Backofen auf 180 °C vorheizen. Für den Streuselbelag Haferflocken, Mehl, Rohrzucker und Zimt miteinander vermischen. Die Butter in Stückchen schneiden, zugeben, und das Ganze mit beiden Händen zu groben Krümeln verkneten. Anschließend die Walnüsse unterarbeiten.

Den Rhabarber putzen, waschen, schälen und in kleine Stücke schneiden. Die Erdbeeren unter fließend kaltem Wasser abspülen, putzen und abtropfen lassen. Danach je nach Größe vierteln oder halbieren. Die Früchte in eine Pie-Form geben, mit dem Zucker bestreuen und mit dem Mehl bestäuben.

Die Früchte mit dem Streuselbelag abdecken, das Ganze in den Ofen geben und etwa 45 Minuten backen. Sobald die Streusel leicht gebräunt sind und die Früchte köcheln, den Kuchen aus dem Ofen nehmen. Lauwarm servieren.

DINER TIP

Streusel mit Haferflocken mögen etwas ungewöhnlich erscheinen, die Flocken werden aber durch das Backen schön knusprig. Reichen Sie frische Schlagsahne zum Kuchen.

Blueberry Pie

HEIDELBEERKUCHEN

Diese „Pies" sind eine amerikanische Eigenart. Im Vergleich zu den englischen Pies handelt es sich in der Regel um Obstkuchen, deren Teigdeckel meist durchbrochen ist.

Für 1 Kuchen
Zubereitungszeit: 30 Min.
Kühlzeit: 1 Std.
Backzeit: 50 Min.

ZUTATEN

Für den Teig:
400 g Mehl
300 g kalte Butter
2 TL Zucker
1 TL Salz
1 Ei

Für den Belag:
1 kg frische Heidelbeeren
3 EL Mehl
200 g Zucker
1/2 TL Salz
1 EL Zitronensaft
1 EL Butter

Außerdem:
Butter für die Form

Für den Teig das Mehl in eine Schüssel sieben. Die Butter in kleine Stücke schneiden und zusammen mit dem Zucker und dem Salz zufügen. Rasch verkneten. Das Ei mit 120 ml Wasser verrühren, dazugießen und das Ganze zu einem glatten Teig verarbeiten. Diesen zur Kugel formen, in Folie wickeln und für etwa 1 Stunde kühl stellen.

Den Backofen auf 220 °C vorheizen. Eine Pie-Form von 22 cm Durchmesser ausfetten. Die Heidelbeeren verlesen, waschen und sehr gut abtropfen lassen. Mehl, Zucker, Salz sowie Zitronensaft vermengen. Die Mischung unter die Heidelbeeren heben.

Den Teig auf einer bemehlten Fläche dünn ausrollen. Halbieren und eine Teighälfte als Boden in die Form geben, dabei einen etwa 5 cm hohen Rand formen. Den restlichen Teig zu einem Kreis ausrollen, der etwas größer als die Form ist.

Die Heidelbeermasse in die Form geben und verteilen. Die Butter in Flöckchen darauf setzen. Den Teigkreis darüberlegen und die Ränder gut zusammendrücken. Die Teigoberfläche mit einer Gabel mehrmals einstechen. Den Kuchen im Backofen etwa 10 Minuten backen, dann die Hitze auf 180 °C reduzieren und alles weitere 40 Minuten backen. Den Heidelbeerkuchen warm servieren.

Boulevard Diner in Worcester, Massachusetts

DESSERTS & KUCHEN

Pie la mode

VANILLEEISKUCHEN

Dieser Eiskuchen repräsentiert die amerikanische Vorliebe für warme Kuchen und kaltes Eis. Die einfachste Form des „Pie la mode" ist ein warmer Obstkuchen, der zusammen mit Vanille-Eiscreme serviert wird. Das folgende Rezept ist etwas aufwendiger.

Für 1 Kuchen
Zubereitungszeit: 30 Min.
Backzeit: 15 Min.
Gefrierzeit: 30 Min.

ZUTATEN

Für den Kuchen:
3 EL weiche Butter
50 g Mehl
4 Eiweiß
1/2 TL Salz
60 g Zucker
4 Eigelb
1/2 TL Vanille-Essenz
250 g Orangenkonfitüre
2 EL Orangensaft
1 l Vanille-Eiscreme

Für den Baiser-Überzug:
8 Eiweiß
1/2 TL Salz
125 g Puderzucker

Den Backofen auf 200 °C vorheizen. Den Boden einer Kastenform mit der Hälfte der Butter bestreichen. Die Form so mit Backpapier auslegen, daß noch Papier über die Form hinausragt. Das Papier in der Form mit restlicher Butter bepinseln und mit etwas Mehl bestäuben.

Die Eiweiße zusammen mit dem Salz schlagen, bis sie beinahe steif sind. Unter Rühren 2 Eßlöffel Zucker einrieseln lassen und die Eiweiße zu steifem Schnee schlagen. Die Eigelbe zusammen mit dem dem restlichen Zucker etwa 1 Minute schaumig rühren, dann die Vanille-Essenz hinzufügen. Den Eischnee auf die Eigelbmasse geben, das restliche Mehl darübersieben. Das Ganze mit einem Schneebesen vermischen, dabei möglichst nicht rühren, sondern den Schneebesen von unten nach oben durch die Masse ziehen.

Den Teig in die Form gießen und glattstreichen. In der Mitte des Backofens etwa 12 Minuten backen. Mit einem Holzstäbchen in die Mitte des Kuchens stechen, es sollte trocken und sauber wieder herauskommen. Den Kuchen auf einen Bogen Backpapier stürzen, dann vorsichtig die oberste Schicht Papier entfernen. Abkühlen lassen und waagrecht in zwei Hälften schneiden. Orangenkonfitüre mit Orangensaft glattrühren und eine Teighälfte damit bestreichen. Die zweite Schicht darüberlegen. In eine Auflaufform legen und abkühlen lassen.

Die Vanille-Eiscreme auf einer Alufolie zu einem Rechteck von der Länge und Breite des Kuchens formen. Das Ganze fest in Alufolie wickeln und für 30 Minuten in das Tiefkühlgerät stellen.

Etwa 10 Minuten vor dem Servieren das Baiser vorbereiten. Den Backofengrill vorheizen. Eiweiße zusammen mit Salz fast steif schlagen. Den Puderzucker dazusieben und das Ganze in etwa 5 Minuten zu sehr steifem Schnee schlagen.

Die Eiscreme auf den Kuchen legen. Kuchen und Eiscreme rundherum mit einer Baiserschicht bedecken, dabei die Oberfläche nach Belieben verzieren. Das Ganze für etwa 3 Minuten unter den Grill schieben, dabei genau beobachten, da das Baiser leicht anbrennt. Es sollte goldbraun sein. Den Kuchen sofort servieren, ehe die Eiscreme zu schmelzen beginnt.

Boulevard Diner
in Worcester,
Massachusetts

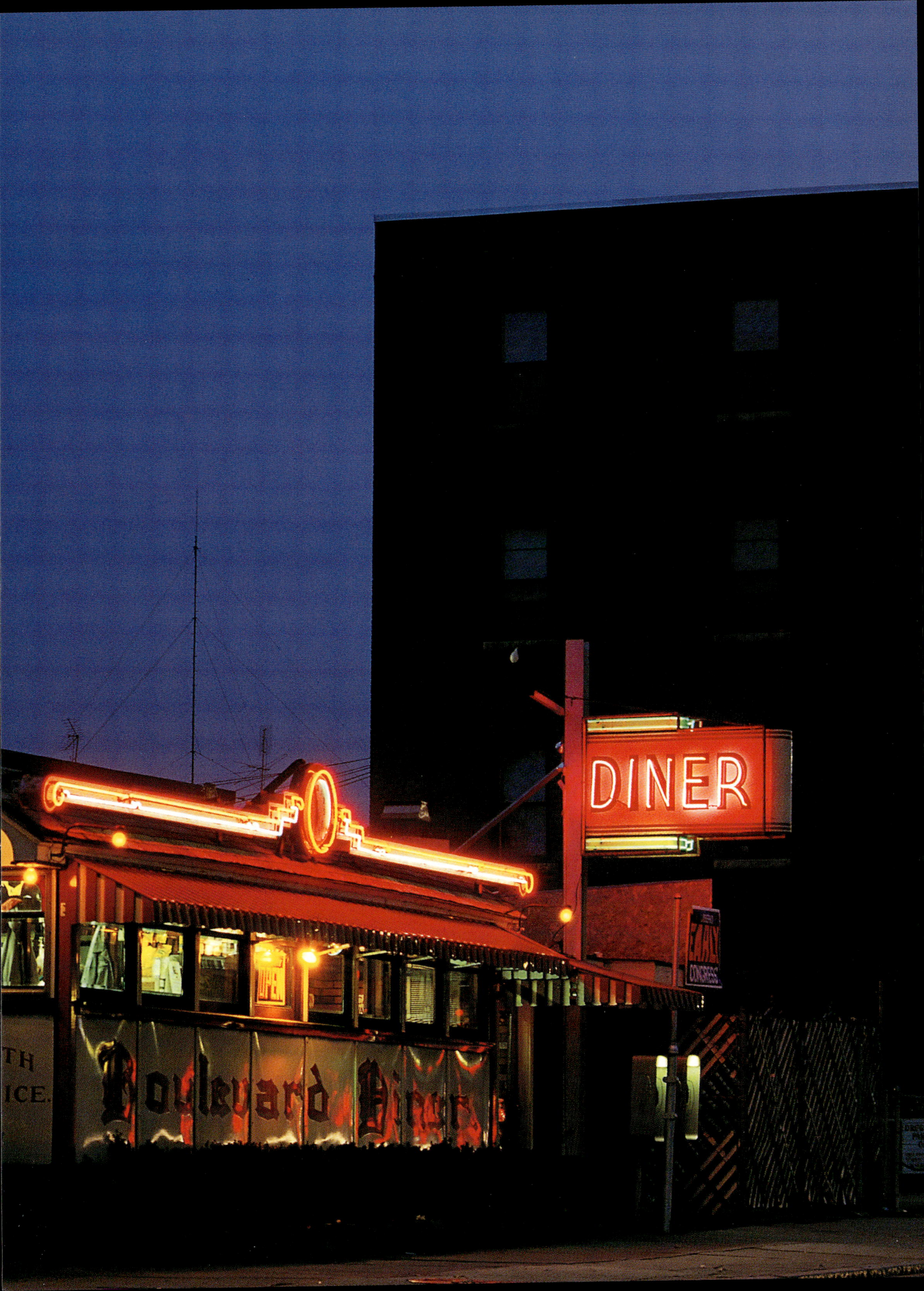
DINER
OPEN
CONGRESS
Boulevard Diner

Glossar

Im Folgenden finden Sie eine Auswahl an Zutaten, Begriffen und Zubereitungsarten, die für ein amerikanisches Diner typisch sind.

Bagels: Hefegebäck. Diese jüdische Spezialität wird aus Hefeteig hergestellt. Die Teigkringel werden zuerst in Wasser etwa 1 Minute gegart und dann im Backofen gebacken. Bagels werden sowohl zum Frühstück als auch zum Lunch serviert. Ein Klassiker im Diner sind Bagels mit Doppelrahmfrischkäse und geräuchertem Lachs – „Bagels with Cream Cheese and Salmon".

Beans: Bohnen. Hülsenfrüchte spielen seit Anbeginn der Kolonialgeschichte Amerikas eine große Rolle als Grundnahrungsmittel und wichtiger Eiweißlieferant. Sehr verbreitet sind Schwarzaugenbohnen (*Black-eyed Peas*) und Rote Bohnen oder Kidney Bohnen (*Red Beans, Kidney Beans*). Es gibt zahlreiche Gerichte auf Bohnenbasis.

Berries: Beeren. In den USA wachsen eine Fülle an Beerenarten, die teilweise in Europa nicht vorkommen, so zum Beispiel *Loganberries*, eine Kreuzung zwischen Him- und Brombeeren. Sehr beliebt sind *Blueberries*, Blau- oder Heidelbeeren, wobei es auch hier eine Art gibt, die nur in Amerika gedeiht: *Huckleberries*. Diese sind etwas größer als die europäischen Heidelbeeren. Sehr wichtig für die Zubereitung von Saucen, Kompott, Kuchen und Desserts sind *Cranberries*, eine amerikanische Abart der europäischen Preiselbeere. Der Truthahn zu Thanksgiving wird stets zusammen mit Cranberry-Sauce oder -Kompott gereicht.

Cheese: Käse. Ist aus der Diner-Küche nicht wegzudenken, da er zum Überbacken und Würzen der Speisen häufig eingesetzt wird. Dabei beschränkt sich die Käseauswahl im wesentlichen auf vier Sorten: *Cheddar*, *Monterey Jack*, *Parmesan* und *Swiss Cheese*. *Cheddar* ist in den USA am meisten verbreitet und wird daher auch einfach „American Cheese" genannt. Englische Siedler brachten diese Hartkäsesorte aus ihrer Heimat mit, sie wird in drei Reifegraden angeboten: mild, medium und gereift. Der *Monterey Jack* gehört zur Cheddarfamilie und stammt aus Kalifornien. Er wurde in der Mitte des 19. Jahrhunderts von einem Farmer in Monterey namens David Jacks zum ersten Mal hergestellt. Monteray Jack ist ein milder, ungefärbter Käse, der sich ideal zum Überbacken eignet. *Parmesan* wird aus Italien importiert und ist aufgrund der vielen Italo-Amerikaner sehr verbreitet. Mit *Swiss Cheese* wird eine amerikanische Abart des Schweizer Emmentalers bezeichnet. Der in großen Mengen produzierte Hartkäse schmeckt mild und leicht nußartig.

Chili: Chili- oder Gewürzpaprikaschote. Chillis wurden bereits von den Azteken als Gewürz eingesetzt, der *Chili jalpeño*, ursprünglich aus Jalapa in Mexiko stammend, wird heute im Südwesten der USA kultiviert und ist im ganzen Land verbreitet. Die kleinen, etwa 7 cm langen Schoten werden in der Regel grün, also unreif, angeboten, man bekommt aber auch rote Chillis, die etwas schärfer als die grünen sind.

Chili Powder: Chili-Pulver. Wird in Europa als Cayennepfeffer angeboten. Cayennepfeffer besteht ausschließlich aus gemahlenen Chilischoten. Chili Pulver hingegen ist meist eine Gewürzmischung, die u.a. Oregano, Nelken, Koriander, Pfeffer und Salz enthalten kann. Es gibt auch Chili-con-Carne-Pulver, eine Mischung aus Chillis, Kreuzkümmel, Knoblauch, Koriander und Oregano. Wird zum Würzen des gleichnamigen, berühmten Gerichts verwendet.

Chili Sauce: Chili Sauce. Ist vor allem im amerikanischen Westen, Südwesten und Süden als Fertigprodukt in der Flasche erhältlich. Beliebte Gewürzsauce, die aus scharfen und milden Chillies, Essig, Zucker, Tomatenpüree und Salz besteht. Ähnelt der in europäischen Asienläden angebotenen Chili Sauce, die daher ersatzweise für die amerikanische genommen werden kann.

Chowder: Eintopfgericht bzw. reichhaltige Suppe. Spezialität aus Neuengland, am bekanntesten ist die Clam Chowder, die Muschelsuppe.

Clams: Venusmuscheln. In den USA gibt es verschiedene Arten von Venusmuscheln. Die schmackhafteste Muschel ist die *Hard shell clam*, die an der Atlantikküste und im Golf von Mexiko heimisch ist. Wenn sie noch klein sind, werden sie *Little Necks* genannt, etwas größere heißen *Cherrystones*. Große Muscheln bezeichnet man als *Quahogs*, sie sind die Grundlage von chowders.

Corn: Mais. Ureigenste amerikanische Kulturpflanze, die bereits von den Indianern angebaut wurde. Mais war für die ersten Siedler überlebenswichtig, da es bei ihrer Ankunft in der Neuen Welt sonst keine andere Getreidepflanze gab. Er wird auch zu Maismehl vermahlen. Frische, in Salzwasser gekochte Maiskolben, die mit reichlich Butter serviert werden, sind eine beliebte Beilage beim *Barbecue* (gegrilltes Fleisch).

Corned Beef: Gepökeltes Rindfleisch, Corned Beef ist allerdings ein fester Begriff. Diese Spezialität stammt zugleich aus der jüdischen und der irischen Küche. Hierfür wird ein großes Stück Rindfleisch, meist aus der Brust, für etwa 1 Monat zusammen mit großen Salzkristallen (ein altes englisches Wort für diese Salzkristalle ist „corn", daher der Name), Zucker, Gewürzen sowie Konservierungsstoffen eingepökelt. Danach wird es in Wasser gekocht, bis das Fleisch eine tiefrote Farbe hat. In Europa gibt es Corned Beef als Dosenware, in den USA gibt es noch Metzgereien, die das gepökelte, aber noch nicht gekochte Fleisch anbieten. Sandwiches mit Corned Beef sind sehr populär.

Doughnuts: Schmalzgebäck. Die runden Kringel mit einem Loch in der Mitte werden aus Hefeteig hergestellt und in Fett schwimmend ausgebacken. Danach werden sie in Zucker gewälzt. In ganz Amerika verbreitet und beliebt.

French Fries: Pommes frites. Dünne Kartoffelstäbchen, die in heißem Öl frittiert werden. Pommes frites werden in den USA zu

GLOSSAR

allen nur erdenklichen Gerichten als Beilage serviert.

French Toast: Getoastetes Toast- oder Weißbrot. Kann in vielen Diners als Extra-Beilage bestellt werden.

Fried Onion Rings: Gebackene Zwiebelringe. Äußerst populäre Beilage im Diner. Feine Zwiebelringe werden gewässert, durch eine Art Bierteig gezogen und dann in heißem Öl fritiert. Man kann aber auch ungewässerte Zwiebelringe durch Buttermilch ziehen, in einem Gemisch aus Mehl und Paprikapulver wenden, in Öl fritieren und dann im Backofen trocknen.

Hamburger: Brötchen mit Hackfleisch. Ein Diner ist ohne Hamburger unvorstellbar, außerdem ist er das Gericht, mit dem man automatisch Amerika verbindet. Dabei liegen die Ursprünge des Hamburgers in Europa. Im 19. Jahrhundert war Hamburg in Deutschland ein bedeutender Hafen, von dort gingen Schiffe in die ganze Welt. Deutsche Matrosen, die die Ostsee befuhren, brachten aus Russland ein Rezept für mit Salz, Pfeffer und Zwiebeln gewürztes Tartar mit. Deutsche Köche brieten das Fleisch zusammen mit gehackten Zwiebeln an. Das Hackfleischsteak wurde auf der Stelle extrem populär. Deutsche Matrosen, die sich im Hafen von New York aufhielten, verlangten von den „Grillmen" an den Docks ein Steak, das nach dieser Art zubereitet wurde. Das *Hamburger Style Steak* war geboren und fand alsbald seinen Weg in die Speisekarten amerikanischer Restaurants. Wer nun auf die Idee kam, das Hackfleischsteak zwischen zwei Brötchen zu stecken, darüber streiten sich verschiedene amerikanische Familien bis heute. Ob es Charlie Nagreen aus Seymour in Wisconsin oder Frank Menches aus Akron in Ohio war, konnte nicht eindeutig geklärt werden. Fest steht jedoch, daß man Ende des 19. Jahrhunderts anfing, Hamburger auf der Straße zu verkaufen. Der endgültige Durchbruch erfolgte dann 1904 auf der Weltausstellung in St. Louis, als ein Sandwichstand auch Hamburger anbot, der Siegeszug des Hackfleischbrötchens war dann nicht mehr aufzuhalten.

Heinz Ketchup: Bekannteste Ketchup-Marke in den USA. Die Firma H. J. Heinz & Co. in Pittsburg existiert seit 1869. Neben Ketchup produziert Heinz eine Vielzahl an Fertigsuppen und -gerichten in Dosen. Man wird schwerlich einen Diner finden, in dem eine andere Ketchupsorte auf dem Tisch steht.

Hot-Pepper-Sauce: Tabasco. Die scharfe, rote Sauce ist in kleinen Fläschchen erhältlich. Sie besteht aus getrockneten roten Chillies, Essig und Salz. Seit Anfang des 19. Jahrhunderts wird in Avery Island in Louisiana der „chile tabasco" angebaut. Seither ist Tabasco ein eingetragenes Markenzeichen der Firma McIlhenny, und die Pfeffersauce ist weltweit unter diesem Namen bekannt. Im Süden und Südwesten der USA wird Tabasco häufig zum Würzen der Speisen eingesetzt, und auf den Tischen der dortigen Diners stehen stets die kleinen roten Flaschen.

Maple Syrup: Ahornsirup. Der aus den Stämmen von Zuckerahornbäumen austretende Saft wird durch Einkochen zu Sirup verarbeitet. Er wird in verschiedenen Qualitätsstufen angeboten. Heller Ahornsirup schmeckt feinsüß und aromatisch, die dunkleren Sorten werden häufig mit Karamel versetzt und sind daher nur noch süß. Wird in ganz Amerika zum Süßen von Waffeln, Kuchen, Pfannkuchen und Eiscreme verwendet.

Muffins: Kleine Brötchen. Die leckeren Frühstücksbrötchen stammen ursprünglich aus England und wurden von amerikanischen Hausfrauen lange Zeit zum Frühstück frisch gebacken. Heute gibt es Muffins fertig abgepackt oder tiefgefroren zu kaufen.

Mustard: Senf. Englische Siedler brachten die Senfkörner in die Neue Welt. In den USA wird Senf in drei Formen angeboten: ganze Senfkörner, Senfpulver (wird mit Wasser angerührt) und fertiger Senf. Am gebräuchlichsten sind *Dijon-Style Mustard* und *Diner-Style Mustard*. Der *Dijon* ist ein scharfer Senf aus der gleichnamigen Stadt in Frankreich, er wird aus entölten, gemahlenen schwarzen Senfkörnern und Weinessig hergestellt. Vom *Diner-Style Mustard* gibt es zwei Arten; cremiger, dunkelbrauner Senf der nach deutscher Tradition produziert wird; und ein sehr heller, leicht dünnflüssiger, scharf schmeckender Senf, der mit Essig, Weißwein, Zucker und Kurkuma angereichert ist. Letzterer ist auch unter dem Namen *Ballpark Mustard* bekannt.

Pancake: Pfannkuchen. Die amerikanischen Pfannkuchen werden etwas dicker ausgebacken als die europäischen. Ißt man zum Frühstück zusammen mit reichlich Butter und Ahornsirup.

Peanuts: Erdnüsse. Werden vor allem in dem Südstaat Georgia in großem Stil angebaut. Die Amerikaner sind begeisterte Erdnuß-Konsumenten. Die Nüsse kommen geröstet und gesalzen und vor allem als Erdnußcreme auf den Markt. Im Süden Amerikas gibt es zahlreiche Gerichte, die mit Erdnußcreme zubereitet werden.

Pumpkin: Kürbis. In den USA gibt es eine Reihe von Kürbisarten, die sich in Geschmack, Größe und Farbe unterscheiden. Das Gemüse dient als Basis für Suppen, Pürees, Aufläufe und Kuchen.

Soft Drinks: Alkoholfreie Erfrischungsgetränke wie Coca Cola und Limonade. Traditionell werden in den familienfreundlichen Diners keine Alkoholika ausgeschenkt. Daher gibt es neben Kaffee, Tee und Milchshakes in erster Linie Soft Drinks. Der wohl berühmteste Soft Drink entstand im Jahre 1886 in Atlanta. John Smyth Pemberton entwickelte ein süßes Getränk, indem er Sodawasser mit Kohlensäure versetzte und das Ganze mit einem Sirup aus Coca-Blättern und Kola-Nüssen kombinierte. 1893 entstand die Marke Coca Cola und ein paar Jahre später Pepsi Cola.

Worcestershiresauce: Würzsauce. Ist in ganz Amerika weit verbreitet. Die aromatische braune Würzsauce blickt auf eine lange Tradition zurück. Erfunden wurde sie im Jahre 1837 von den Drogisten John Lea und William Perrin aus Worcester in England. Die beiden Drogisten sollten im Auftrag von Lord Sandy eine Würzsauce herstellen. Der Lord war als britischer Gouverneur in Bengalen gewesen, lernte die dortige Küche kennen und schätzen, und wünschte nun eine würzige Sauce, die ihn an seine Gouverneurszeit erinnern sollte. Nach dem Rezept eines Bengalen vermischten Lea und Perrin Chillies, Malz- und Branntweinessig, Melasse, Sardellen, Tamarindensaft, Schalotten, Sojasauce und Knoblauch. Das Ergebnis war leider ungenießbar. Das Faß mit der Sauce wurde in eine Ecke geschoben und geriet für drei Jahre in Vergessenheit. Per Zufall probierten dann einer der Drogisten die Sauce erneut und stellte fest, daß aus dem Gebräu eine aromatische Würzsauce geworden war. Sofort begann man mit einer großangelegten Produktion der Sauce, die inzwischen weltweit bekannt ist. Bis heute gilt die „Lea & Perrins-Worcestershiresauce" als das Original.

Rezeptverzeichnis

ENGLISCH

Apple Pie   86
Baked Virginia Ham   64
Bean Soup   41
Blackened Fish with Lemonbutter   72
BLT Sandwich   53
Blueberry and Almond Muffins   24
Blueberry Pancakes   28
Blueberry Pie   91
Bourbon Vanilla Ice Cream   83
Caesar Salad   34
Carrot Cake   88
Cheese Burger   45
Cheese Omelettes   17
Chicago Beer Burger   49
Chicken Pot Pie   75
Chicken Wings   63
Chili con Carne   66
Chocolate Cake   87
Club Sandwich   57
Coconut Pie   84

Coleslaw   34
Cream of Avocado Soup   40
Doughnuts   22
Egg Salad   36
Eggs Benedict   14
English Muffins   25
Fish and Chips with Sauce Tatar   76
Fish Chowder   74
Fried Cheese Sandwich   58
Fried Chicken Burger   50
Fried Onion Rings   63
Greek Omelettes with Feta and Tomatoes   21
Ham and Cheese Omelettes   20
Hamburger   44
Hot Pastrami Sandwich   54
Jambalaya   78
Jumbo Bagels   18
Peach Ice Cream   82
Peanut Soup   40

Pea Soup with Chorizo Sausages   39
Pie La Mode   92
Porterhouse Steak with Peach Salad   70
Pumpkin Soup   38
Reuben Sandwich   52
Roast Turkey with Cranberry Sauce   68
Scrambled Eggs with Herbs   16
Sonoma Burger   46
Southern Cornbread   30
Spareribs with Barbecue Sauce   62
Strawberry Rhubarb Crisp Cake   90
Sunny-side-up Eggs with Hashbrowns   15
Tuna Salad   36
Tuna Sandwich   59
Turkey Burger   48
Waffels with Fresh Fruits and Maple Syrup   26
Waldorf Salad   35
Western Sandwich   56

DEUTSCH

Apfelkuchen   86
Avocadosuppe   40
Bagels, einfache   18
Blaubeer-Mandel-Muffins   24
Bohnensuppe   41
Caesar-Salat   34
Chicago-Burger   49
Doughnuts   22
Eier Benedikt   14
Eier-Salat   36
Erbsensuppe mit Chorizowürstchen   39
Erdbeer-Rhabarber-Streuselkuchen   90
Erdnußsuppe   40
Fisch, gebackener, mit Pommes Frites und Tatarsauce   76
Fisch, geschwärzter, mit Zitronenbutter   72
Fischcremesuppe   74
Hähnchenburger   50
Hähnchenflügel   63
Hamburger, klassische   44
Hamburger mit Käse   45

Hamburger nach Sonoma-Art   46
Heidelbeerkuchen   91
Hühnerpastete   75
Karottenkuchen   88
Käse-Omelettes   17
Käse-Sandwich, gebratenes   58
Kokosnußkuchen   84
Krautsalat   34
Kreolischer Reistopf   78
Kürbissuppe   38
Maisbrot, lockeres   30
Muffins, einfache   25
Omelettes, griechische, mit Feta und Tomaten   21
Pfannkuchen mit Blaubeeren   28
Pfirsich-Eiscreme   82
Porterhousesteak mit Pfirsichsalat   70
Reuben Sandwich   52
Rinderschinken-Sandwich, warmes   54
Rindfleischtopf   66
Rühreier mit Kräutern   16

Schinken, gebackener   64
Schinken-Käse-Omelettes   20
Schokoladenkuchen   87
Schweinerippen, gegrillte   62
Speck-Salat-Tomatensandwich   53
Spiegeleier mit Bratkartoffeln   15
Thunfisch-Salat   36
Thunfisch-Sandwich   59
Truthahn, gebratener, mit Preiselbeersauce   68
Truthahnburger   48
Truthahn-Sandwich   57
Vanille-Eiscreme   83
Vanilleeiskuchen   92
Waffeln, belgische, mit frischen Beeren und Ahornsirup   26
Waldorf-Salat   35
Western Sandwich   56
Zwiebelringe, gebackene   63